Saint Germain spricht

# Saint Germain spricht

gechannelt
von
Barbara Bessen

ch. falk-verlag

Originalausgabe
© ch. falk-verlag, seeon 2009
Umschlaggestaltung: Christa Falk und Dirk Gräßle
Satz: P S Design, Lindenfels
Druck: Druckerei Sonnenschein, Hersbruck
Printed in Germany

ISBN 978-3-89568-207-0

# Inhalt

Vorwort von Barbara Bessen . . . . . . . . . . . . . . 7
Geliebte Freunde . . . . . . . . . . . . . . . . . . . . . 10
Ist die Erde dem Untergang geweiht? . . . . . . . 18
Die Aufgestiegenen Meister der Erde . . . . . . . . 28
Meine Aufgabe als Repräsentant der Freiheit . . . . 38
Die Erde und ihre außerirdische Familie . . . . . . 47
Das Leben in der Erde . . . . . . . . . . . . . . . 59
Atlantis, Lemurien und Hyperborea
    und die Vernetzung der Kontinente . . . . . . . 69
Wirtschaftliche Umwandlungen
    und die Weißen Ritter . . . . . . . . . . . . . 79
Geld und andere Wertmittel . . . . . . . . . . . . 90
Gold und Edelsteine, Energieträger der alten Welt,
    Lichtgeometrie die der Neuen . . . . . . . . . 100
Die Wissenschaften und ihre neuen Pfade . . . . . 109
Soziale Herausforderungen nicht nur
    für die Dritte Welt . . . . . . . . . . . . . . 119
Diplomatie und Wahrheit, die sanften Waffen
    der neuen Machthalter, oder Politik als Chance . 128
Göttliche Lichtvernetzung, das Zepter
    der neuen weltlichen Regierungen . . . . . . . 141

Die nächsten Schritte der Menschheit und die DNS:
Erbgut und interdimensionale Prägungen . . . 151
Das Gotteslicht in jedem Menschen,
und wie es erweckt wird . . . . . . . . . . . . 160
Die Wachablösung der großen Hüter der Erde,
und was sonst noch geschieht . . . . . . . . . 170
Liebe ist nicht nur ein Wort . . . . . . . . . . . 176
Über die Autorin . . . . . . . . . . . . . . . . 183

# Vorwort

Liebe Saint Germain-Freunde!
Herzlich willkommen in der Energie des Freiheitsapostels, des Grafen von Saint Germain! Ich weiß nicht, ob er noch Wert auf diesen doch recht ältlich anmutenden Titel eines Grafen legt. Nein, ich glaube eher nicht. Aber ich möchte unseren geliebten Aufgestiegenen Meister doch gebührend so ankündigen, wie er den meisten Menschen bekannt ist. Dieses Buch wird allerdings wenig mit seinen irdischen Tagen und Taten und auch nicht mit seinen verschiedenen Zusatznamen und Aktivitäten zu tun haben. So bleibt aber dennoch seine, damals schon weltbekannte Liebe zur Freiheit, seine große Diplomatie und seine Liebe für die Alchemie etwas, das in diesen Kapiteln immer wieder herüber kommt, ohne dabei von Altem zu zehren oder in ihm zu schwelgen.

Ich bin das, was man ein Medium nennt, und bekomme Botschaften aus der geistigen Welt für andere Menschen. Ich tue dies öffentlich in Seminaren und auf Gruppenreisen, aber auch in Buchform, je nachdem, wie es gewünscht ist.

Ich stehe schon seit vielen Jahren mit Saint Germain in Verbindung. Ich kann mich nicht mehr genau erinnern, wann dies begann. Ich weiß nur noch, dass es zu der Zeit anfing, als ich noch als Journalistin fest angestellt war und eher heimlich mit der geistigen Welt kommunizierte. Das konnte ich schon seit der Kindheit, damals mit vielen Wesenheiten, oft namenlos. Ich bin sicher, dass dies viele Kinder oder eigentlich alle in diesem Alter können. Nur wir Erwachsene untersagen es ihnen meist später, weil wir an die Vernunft appellieren und diese Kontakte gern als Fantasie abtun.

Fantasie ist der Kontakt mit der geistigen Welt wirklich nicht. Er ist nicht nur eine Informationsquelle, sondern auch eine starke Inspiration. Es ist eine wunderbare Möglichkeit, so sein eigenes Leben zu verändern und es mit den vielen Ebenen, die wir nicht sehen können, zu gestalten. Außerdem ist es eine gute Chance, Dinge, Fakten und Neuigkeiten, egal, aus welchem Bereich der Naturwissenschaften oder den heutigen Nachrichten, die man nicht versteht, sich direkt erklären zu lassen oder, wie in diesem Fall, einfach nachzulesen.

Nun gehen wir in das Goldene Zeitalter, wie die Mystiker es nennen. Wir verändern unsere Schwingung, weil auch die gute Mutter Erde in eine neue Schwingungsebene hinüber wechselt. Einige dieser Informationen haben Sie vielleicht schon in anderen Büchern gelesen und sich damit facettenweise oder sogar schon ausführlicher beschäftigt.

Saint Germain wird als der Herr des Goldenen Zeitalters bezeichnet, man nennt ihn auch den Repräsentanten der Freiheit. Diese gelobte Freiheit ist nicht nur ein Wort, sondern ein ersehnter Zustand, in dem wir Menschen eine lange Zeit nicht verweilten. Wir waren in eine tiefere Schwingung gelenkt und hatten vergessen, wer wir wirklich sind. Wir waren getrennt von unserer eigenen Göttlichkeit, und dieses zu erfahren, war wirklich nicht sehr freiheitlich!

Saint Germain nimmt uns nun für die Zeit des Lesens und auch gern weiter darüberhinaus in sein „Feld", an seine Hand, um uns eben diese Freiheit spüren zu lassen und uns sanft in sie hinein zu geleiten. Und dies nicht nur für ein paar Momente, sondern, wenn wir es wollen und zulassen, für immer.

Ich freue mich, dass Sie dabei sind, wenn er, ich sehe ihn übrigens vor meinem inneren Auge wahrhaftig so, wie der Graf von Saint Germain aussah, galant, elegant und mit einem zwinkernden Auge, versucht, unserem Leben einen neuen Klang zu geben und mit dem Duft der grenzenlosen Freiheit zu versehen.
Folgen Sie mir doch einfach!

*Ihre Barbara Bessen*

# Geliebte Freunde!

**ICH BIN,** der ich bin, Ich Bin Saint Germain, Gott zum Gruße! Es ist mir eine Ehre, hier in dieser Runde geliebter Menschen zu sein. Ich freue mich, dass du dich aufgemacht hast, mich zu besuchen. Das tust du in dem Moment, in dem du dich in dieses Buch vertiefst. Du besuchst mich in meinen heiligen Hallen, in den Stätten der Weißen Bruderschaft oder in anderen Reichen, in denen ich just unterwegs bin. Ein Besuch bei mir, unter anderem durch dieses Buch, heißt, sich in mein Feld zu begeben. Herzlich willkommen in meinem Reich! Ich begrüße den Teil von dir, der interdimensional ist und sich dessen langsam bewusst wird. Ich begrüße dich nicht als irdisches Wesen, sondern als einen kosmischen Geist, der du wirklich bist. Ich freue mich, für eine Weile hier mit dir zusammen zu sein. Ich werde dein Begleiter sein, auch für eventuelle schwere Stunden, die du dir in diesem Leben noch zu erleben erwähltest. Damit falle ich gleich mit einer wichtigen Feststellung oder besser einem kosmischen Gesetze wie mit der Tür ins Haus: Du erschaffst dir alles, was in dein Leben tritt. Kein anderes Wesen, keine Situation, keine äußeren Umstände formen deine Wirklichkeit.

Du bist es selbst, du erschaffst immer wieder sekündlich neu, wie dein Leben sich gestaltet. Und wahrlich, ich sage dir, es ist an der Zeit, dass du dir dessen bewusst wirst. Vergessen und vergangen sind die Zeiten, wo du aus karmischen Erfahrungen heraus deinen Lebensweg bestimmtest. Das ist nun anders.

Man sagt, ich bin der Repräsentant der Freiheit. Es ist mir eine Ehre! Ich nehme diesen Namen und dessen Energie gern an! Wollen wir beleuchten, was Freiheit wirklich ist? Ja? Gern, dann lehne dich entspannt zurück und lausche den Worten, die jetzt immer intensiver dein gesamtes Feld berühren. Ich wiederhole nochmals für dein wahres Verständnis: Wenn du dieses Buch aufschlägst oder mich bittest, mit dir in Verbindung zu treten, öffne ich mein Feld für dich. Konkreter ausgedrückt: Ich erweitere mein Bewusstsein für dich. Ich hülle dich ein, ich biete dir einen Platz in meinem multidimensionalen Sein an. Dies tue ich für eine gewisse Zeit, um dir meinen Schutz und meine Hilfe zu gewähren. Verstehe bitte recht: Ich stelle dir damit gleichzeitig eine bestimmte Kraft zur Verfügung. Diese Kraft, welche die **Göttliche Kraft** ist, vermag dein Leben total zu verändern. Sie ist wie ein Schub, der dich erwischt, wo immer du auch gerade zu stehen vermeinst. Das bedeutet, dass solche Schübe auch etwas in Gang setzen können, was dir vielleicht eine Röte oder sogar das Entsetzen ins Gesicht treibt. Scham erfüllt dich und lässt dich wohl erbleichen. Warum? Weil die hohe Göttliche Energie alles kann. Das bedeutet, sie kann alle deine täglichen Lügereien aufdecken, Geheimnisse offenbar machen. All das tut sie nicht, um dich bloßzustellen oder zu verletzen, nein, sie möchte dir helfen, zu erkennen und dich zu klären von Altem. Der Weg in die Freiheit ist der Weg der Befreiung von den alten Mustern und Erfahrungswerten, die alle Menschen immer wieder neu zu Prägungen verleiten. Die Menschen neigen dazu, die eingetretenen Pfade erneut zu beschreiten. Du weißt sicher, wie dies zu verstehen ist.

Diese Göttliche Kraft kann auch Wunder in dein Leben treten lassen, denn sie ist für alles gut und steht für alles da. Sie kann alles und sie weiß immer, was zu tun ist. Diese Kraft befindet sich in meinem Feld, ich habe zu ihr Zugang und kann mit ihr alles das bewerkstelligen, was ich für richtig halte. Einige, die mich gern als etwas arrogant empfinden, weil ich dazu neige, mich ganz offen zu benehmen und die Wahrheit laut zu äußern, werden denken, ich benutze die Göttliche Kraft nach meinem Gutdünken oder zu meinem eigenen Wohlbefinden oder derer, die mir lieb und teuer sind. Weit gefehlt! Ich habe ganz klare Vorstellungen davon, wie die kosmischen Gesetze funktionieren. Das ist das Privileg eines Aufgestiegenen Meisters. So werden wir genannt, die wir uns in höheren Bereichen des Erdballs befinden. Wir wissen genau, wie wir zum Wohle aller mit der Göttlichen Kraft agieren können. Sie ist uns vertrauensvoll näher gerückt und folgt unseren Befehlen. Wir sind autorisiert und haben einen direkten Kanal zu der hohen Göttlichkeit. Du übrigens auch, du bist dir dessen nur meist nicht bewusst.

Was wollen wir nun gemeinsam tun, während ich dich liebevoll in mein Feld hülle? Welche Wünsche hast du für dein weiteres Leben? Lass es mich wissen! Doch halt, stopp! Wie du dir denken kannst, weiß ich längst, wer dieses Buch jetzt liest, und kenne die Wehwehchen bereits. Ich weiß, was dich bedrückt, oder exakter ausgedrückt, wo du tief in der Dualität gefangen bist und mit zittrigen Armen und Beinen verzweifelt versuchst, diesen Spielchen zu entkommen.

Es ist jetzt eine besondere Zeit auf diesem Planeten und im gesamten Sonnensystem angebrochen. Korrekt ausgedrückt: In den gesamten Wohnungen des Vaters, des Urschöpfers, treten Veränderungen ein. Es wird frisch tapeziert und geweißt. Alle Häuser bekommen neue Farbe und werden in hellem Glanze erstrahlen, so ist es der Wunsch des höchsten Schöpfers. Nun, in dieser herrlichen Zeit bekamen wir, die Aufgestiegenen Meister, aus den höheren Ebenen die Anordnung: „Eure Hilfe für Erde und Menschen hat ab sofort eine neue Ausrichtung. Stellt eure Energie und euer Wissen allen zur Verfügung, die es erbitten. Allen, ohne Ausnahme, und wisset, es soll eine große Hilfe da sein für alle, die ihre inneren Augen öffnen und ihre eigene Göttlichkeit erforschen wollen. Die Energie ist dafür bereitgestellt." Das war sozusagen wie ein neuer Marschbefehl, wäre ich ein General an der Front. Manchmal fühle ich mich auch wie ein Heeresführer, der seine Soldaten an die Hand nimmt und ihnen zeigt, wo es lang geht. Wo es zu kämpfen gilt, wo gute Deckung zu finden ist und wo Marschpausen einzuhalten sind. Manchmal ist auch das Lazarett aufzusuchen. So manche Blessur auf dem Weg des Erwachens gehört ja bekanntlich dazu.

Weißt du, wovon ich spreche, geliebte Schwester, oder du, mein Bruder? Ich spreche von dem Weg des Menschen in die Meisterschaft. Es geht um die Veredelung des Menschen zu einem wahren kosmischen Wesen. Es geht vereinfacht darum, die eigene Göttlichkeit zu entdecken und immer mehr mit ihr zu verschmelzen. Es geht um das Erkennen, wer du wirklich bist. Das ist seit jeher die Aufgabe der Weisen dieses Planeten gewesen. Das Heer der Großen Weißen Bruderschaft ist eine goße Unterstützung auf dem Weg des Menschen in die Meisterschaft. Die Aufgestiegenen Meister haben diesen Weg auch beschritten, doch das soll später beleuchtet werden. Verstehe nun bitte, dass sich der Weg des Menschen in die Meisterschaft generell nicht geändert hat, doch mittlerweile sind die Pfade von vielen weisen Wesen gut eingetreten und hell beleuchtet. Der Meister Jesus war einer von ihnen, der dafür sorgte. Er hat lichtvolle Bahnen gelegt, auch durch die Unterwelt, die Schattenseiten des eigenen Seins, um es für andere leichter zu machen. Ihr müsst eure Füße nun einfach auf diese Pfade lenken, und ich sorge dafür, dass ihr nicht daneben tretet. Ist das nicht eine hervorragende Aussicht?!

Aber das ist nicht allein das Besondere an der heutigen Zeit.

Viele von euch wissen, dass die Erde und das Sonnensystem in den Aufstieg gehen. Jeder Planet, jedes Bewusstsein, tut dies auf seine Weise. Es gibt keine genauen Richtlinien für die Menschen, nur dass so viele wie möglich von ihnen erwachen und erkennen sollen, wer sie wirklich sind. Alle Menschen gehen den ihnen bestimmten Weg, der durch alte Erfahrungen geprägt ist. Sie sind mit Plänen, was sie erledigen wollen, hierher gekommen. Niemand kommt zufällig oder ohne Ideen der Verwirklichung auf die Erde. Früher gab es wenig direkte Hilfe von der geistigen Welt. Die Schüler der Meister waren ausgesucht und strengen Prüfungen unterworfen. Aber da sag ich euch nichts Neues. Denn die meisten von euch, die diese Zeilen lesen und sich in die Energie von mir vertiefen, wissen das, und sie erinnern sich vielleicht sogar an das Vergangene. Harte Zeiten waren das, nicht wahr?! Es sei zur Beruhigung gesagt, dass eine andere Zeit gekommen ist, andere Voraussetzungen geschaffen sind. Man könnte fast von einer Generalamnesie sprechen, die von Boten der hohen Göttlichkeit, der Zentrale allen Seins, erlassen wurde. Wir haben diese Botschaft mit Freuden entgegengenommen und walten nun zum Teil auf eine andere Art unseres Amtes.

Jetzt fragst du dich vielleicht, warum ausgerechnet du hier in dieses Feld des Buches und in das meine geraten bist? Eine spannende Frage, nicht wahr? Lass dir sagen,

15

dass wir uns gut bekannt sind. Stell dir vor, dass alle Aufgestiegenen Meister nun erwachende Seelen an die Hand bekommen, die sie selbst aus anderen Leben kennen. Man ist sich bekannt, man hat ähnliche Grundstrukturen der irdischen Völker, ähnliche Erfahrungen gesammelt und stammt wahrscheinlich sogar aus einer gemeinsamen galaktischen Familie. Das bedeutet, alle Meister sind mit einer großen Anzahl von Seelen betraut, um ihnen zu helfen, ihren irdischen Weg der Meisterschaft schnell und effizient zu gehen. Ihr seid in einen wunderbaren Mantel der Liebe eingehüllt und wartet, mit erstaunten Augen wie kleine Kinder, auf die nächsten Dinge, die in euer Leben treten wollen. Was ist zu tun? Wo geht es hin? Und so manch einer von euch wird erleben, wie diese Göttliche Kraft das eigene Leben und auch das der umliegenden Menschen auf den Kopf stellt und vielleicht alles herumwirbelt, was sonst so geordnet war. Ja, was soll ich sagen? Vielleicht: „Zieht euch warm an, habt nur das Notwendigste in greifbarer Nähe. Ansonsten lasst alles los, was euch lieb und teuer ist. Auf geht's in die Göttlichen Wahrheitsstraßen." Ich garantiere euch, langweilig wird es nicht, eher abenteuerlich. Ich weiß, du liebst Abenteuer. Nein? Doch, ich weiß es, ich sehe dich deine Lieblingsromane lesen und die Fernsehabenteuer anschauen, die dich so begeistern.

„Was gibt es noch zu tun oder zu wissen für die Reise in die Meisterschaft", fragst du vielleicht. Hab Vertrauen, lehne dich zurück und wisse, Saint Germain ist ein älterer

Bruder und freut sich sehr, dir jetzt den Mantel der Liebe, des Schutzes und der Göttlichen Kraft und Wahrheit umzulegen.

Vertraue, dass in diesem Buch ein doppeltes Netz eingebaut ist, das dich in Sicherheit wiegen wird. Vielleicht hast du es gehört, oder du erinnerst dich selbst noch an Tage in Tempeln in den Mysterienschulen, die du besuchtest: Es war dort oft sehr spartanisch, langwierig und erforderte viel Hingabe. Jetzt darfst du dich zurücklehnen und vertrauen, dass ich dir all die Attribute des neuen, entspannteren Weges der Meisterschaft liebevoll in die Hände lege. Ich werde schauen, wie du mit den Werkzeugen umgehst, die ich dir bringe, und wie du dich selbst neu entdeckst. Ich werde dieser Alchemie und Transformation deines Selbst gespannt zuschauen und dir Mut machen, wenn du verzweifelt, missmutig oder gar traurig bist. Ich werde dich wiegen wie eine Mutter ihr Kind und dir Mut machen wie ein Vater, wenn es heißt: „Springe!" Ich werde dir alles sein, denn unsere Begegnung kann gern über die dieses Buches hinausgehen. Bitte mich, ich werde dein Führer sein.

Ich verbeuge mich vor dir und freue mich, dir zu dienen.

**ICH BIN Saint Germain**

# Ist die Erde dem Untergang geweiht?

Wir, die Aufgestiegenen Meister, sind besonders glücklich, die Erde auf ihrem neuen Weg zu begleiten und sie zu unterstützen, diesen Weg sanft zu gehen, soweit es uns überhaupt möglich ist, dieses zu beeinflussen. Versteht bitte, unser Hauptaugenmerk liegt auf den Menschen. Diese zu betreuen liegt uns sehr am Herzen. Denn je mehr Menschen sich verändern, desto leichter hat es die Erde. Keine Entwicklung des Menschen bleibt unbeachtet für das Bewusstsein Erde. Die Erde ist eng verbunden mit allen Menschen, sie sind ihre Kinder. Sie beobachtet jedes Kind auf seinem Weg und schenkt ihm die Wärme, das Wasser, die Luft und das Erdreich zum Verweilen. Sie gibt die Kraft und, auch wissenschaftlich betrachtet, die Erdanziehungskraft, um ihren Kindern, den Menschen, die Erde wie ein großes, standfestes Zuhause anzubieten. Wie eine große Mutter hütet sie ihre Kleinen und schenkt ihnen ihre Aufmerksamkeit. Wir wiederum sind eure Brüder und Schwestern, die älteren Erdbewohner, die schon in der Grundschule sind und etwas vom kosmischen Hergang gelernt haben. Wir wissen ansatzweise, erahnen und kombinieren, wie das Reich des Schöpfers funktioniert.

Seht uns nicht als allwissend an, wir lernen stetig dazu. Das Wissen und die Bewegung des Kosmos sind unendlich. Kannst du dir unendlich vorstellen? Das ist schwer, nicht wahr? Ein jeglicher Seelenanteil, der inkarniert ist, ist Teil eines größeren Ganzen, ist in seinem Denkvermögen begrenzt. Ich spreche nicht nur von den hohen Prozenten des Ungenutzten in deinem Gehirn. Ich meine auch, dass ihr beschränkt darin seid, gewisse Dinge zu verstehen, einzuordnen und zu kombinieren. Ihr seid in einem eingezäunten Raum, der Erde und Menschen begrenzt. Alles, was dir und anderen zugänglich ist, ist Wissen, das vorgegeben ist. Keines der Dinge, die du denkst, stammt aus deinem Gehirn. Das hat es lediglich aufgenommen aus dem großen Pool der Gedanken. Allen Menschen ist dieses Wissen zu allen Zeiten zugänglich gewesen. Nur die meisten trauten sich nicht, über den Horizont ihres häuslichen Raumes des Denkens und Agierens hinauszuschauen. Nur ein paar Auserwählte, die ihr Propheten, Astrologen, Himmelsgucker und ähnliche nennt, wagten einen Blick in den gesamten Pool und dann noch weiter darüber hinaus, weg aus dem Bereich der Erdgedanken, hinaus ins weite All. Verstehe bitte: Diese Erde ist etwas Besonderes, ja, man könnte sagen, ein Experiment. Nur, es kann keinen schlechten Ausgang nehmen, wie du es auch vom Experimentieren kennst. Die Gedanken Gottes, denn all das hier ist ein Gedankenspiel GOTTES, sind etwas Experimentelles, hier mit dieser Erfahrung in der Materie zu sein. Doch letztlich siegt die Allumfassende Liebe.

Dies beinhaltet auch, dass jeglicher Tod, ein Unglück eines Menschen oder der Untergang eines Planeten oder gar eines Sonnensystems lediglich eine Veränderung sind. Alles ist im Fluss. Nichts bleibt stehen. Das bereitet euch Menschen viel Schwierigkeiten. Ihr denkt: „Es ist so gemütlich, wie es ist, das möchte ich festhalten. So soll es immer sein." Aber wie schön, dass sich alles ständig verändert, nicht wahr? Sonst würde doch das, was nach Zerstörung und Chaos aussieht, immer so weitergehen. Alles ist in ständiger Bewegung. Dieses Sonnensystem und die Galaxie, in der wir uns befinden, verändern gerade ihre Beschaffenheit. Vieles erhöht seine Schwingung, einiges dehnt sich aus, anderes wiederum verändert seine Form. Einiges wird sich auflösen, weil es nicht mehr passt. Es wird entweder in einer anderen Ebene wiedergeboren, oder es verändert ganz seine Form, oder es geht zurück in die Urmaterie. Denn alles besteht und entsteht aus der Urmaterie, ich kann es auch die Gedanken Gottes nennen. Diese Urmaterie wird ständig geformt und verändert. So entstehen Universen, Galaxien, Milchstraßen, Sonnensysteme und Planeten. Alles ist aus dem einen Großen heraus entstanden. Es gibt nichts, was nicht GOTT ist. Alles ist Gott. Wenn du dir dies einmal vor Augen hältst, kannst du dich eigentlich entspannt zurücklehnen. Du bist Teil eines großen Ganzen und bist immer im Fluss mit dem Ganzen.

Es wird dich nicht irgendwo in der Ecke stehen lassen. Für dich ist gesorgt. Vielleicht warst du in einer anderen Zeit (wobei, genaugenommen, der Begriff Zeit hier nicht korrekt ist) kein menschliches Wesen, sondern hattest eine andere Struktur. Macht dir diese Vorstellung Angst? Dann bedenke wieder: Alles ist GOTT, auch das, was dir fremd erscheint. Alles dunkel Anmutende ist auch GOTT. GOTT experimentiert. Aus dieser Sichtweise kann der Mensch das Dunkle mit Liebe betrachten, wissend, irgendwann ist das Dunkle wieder im Licht und die Erfahrung ist beendet. Irgendwann wird GOTT dich und mich wieder zurückholen, indem er seine Gedanken verändert und die entfernten Partikel seiner Selbst wieder liebevoll in die Arme schließt und sich zusammenzieht. Mystische Schriften sprechen auch vom Aus- und Einatmen GOTTES. Es kann dir also nichts passieren. Für dich ist in jeglicher Weise gesorgt. Am besten ist es, sich ganz auf diese Urgöttlichkeit, auf das große Ganze, zu konzentrieren und sich dem Fluss des Lebens hinzugeben.

Die Erde ist ein lebendiges Wesen, so wie du und ich. Sie ist auf vielen Ebenen präsent, wie du und ich auch. Wir sind ein Teil dieses Bewusstseins, denn es ist größer als unseres, was nicht besagen will, dass du deines und ich meines nicht auch so weit ausweiten können. Die Erde wird von einem größeren Wesen mit seinem Bewusstsein gehalten. Es trägt die Erde und uns Wesen in seinem Bewusstsein, wie ein Teil von ihm selbst. Wir sind ein Teil dieses Wesens. Wir sind ganz eng mit ihm verbunden. Vielleicht ist es für dich unvorstellbar, aber es weiß, was die Erde und die Menschen momentan tun. Es beobachtet genau, und das ist sicher interessant: Es tut dies, ohne zu bewerten. Es sieht all die Liebe, die Heiterkeit, aber auch die Last, die Kämpfe, den Schmerz. Es weiß, dies alles gehört zur Erfahrung Planet Erde dazu und betrachtet es deshalb neutral. Aber sei sicher, es betrachtet alles mit großer Fürsorge und Mitgefühl.

Alles in diesem Sonnensystem ist verschieden dimensional. Ein jegliches Leben wohnt in vielen Ebenen, auch unterschiedlichen Ebenen. Das war in der Bibel mit: „In meines Vaters Haus gibt es viele Wohnungen" gemeint. Die Erde als Bewusstsein hat sich in ihrer höheren Schwingung dafür entschieden, eine Erfahrung in der dritten Dimension zu machen. Sie ist auch in höheren Ebenen des Seins vorhanden. Selbstverständlich ist es ihr nicht möglich, dieses für sich allein zu entscheiden. Sie ist in einen Plan des gesamten Systems eingebunden. Sie hat gemeinschaftlich beschlossen, einen Teil von sich für das Experiment „Der freie Wille" zur Verfügung zu stellen.

Es ist nicht leicht zu verstehen, dass dieses Konzept außerdem beinhaltet, dass es viele Erden gibt. Das möchte ich gern erklären, obwohl ich weiß, dass einige von euch Lesern dies schon wissen. Wenn ein Mensch stirbt, geht er in eine andere Ebene, die wiederum in verschiedene Ebenen aufgeteilt ist. Der Mensch wird dort hingehen, wie es sein Bewusstsein erlaubt. Wenn er glaubt, es gibt eine Hölle, wird er sie finden. Wenn er meinet, Erzengel Michael erwarte ihn auf der anderen Seite, wird es so sein. Möchte ein Mensch wieder inkarnieren, wählt er eine Zeitschiene aus, die seinem Erfahrungsplan entspricht. So ist es. Also gibt es viele Erden. Stell sie dir einfach alle fächerartig nebeneinander vor. Ist das nicht eine geniale Gedankenkonstruktion der höheren geistigen Instanz?!

Jetzt wird die Erde alle ihre Zeitschienen wieder zu einem Ganzen vereinen und ihre dritte Dimensionsfrequenz mit der höheren fünften vereinigen. Das ist ein Prozess und dauert seine Zeit, es ist das Ziel. Das bedeutet, dass alle Zeitschienen langsam miteinander verschmelzen. Die astrale Ebene, in der sich die Bereiche für die Hinübergegangen befinden, wird auch verschmelzen. Viele Seelen werden erwachen und den Weg der Erde mitgehen. Die verschiedenen Stationen auf der anderen Seite des Schleiers werden dann nicht mehr benötigt. Seelen, die das dualistische Konzept noch gern weiterleben wollen, tun dies auf einem anderen Planeten, der sich zur Verfügung stellt. Du fragst vielleicht: „Was wird nun aus den dunklen Ebenen und Wesenheiten?" Sie verschmelzen immer mehr mit dem Licht und wechseln ihr Gewand oder gehen in andere Bereiche, um sich eine neue Aufgabe zu suchen, ihrem Bewusstseinsstand entsprechend. Vielleicht mögen sie ihr dunkles Gewand noch nicht ablegen und suchen sich eine andere Rolle im dunklen Dickicht der Planeten, die noch weiter in der Dualität spielen wollen. Es ist für einige ein schmerzhafter Prozess, weil es mit großem Loslassen verbunden ist.

Die Erde ist in das Sonnensystem eingegliedert und geht keinen eigenen Weg. Nun war es nicht sicher, ob die Erde der dritten Dimension diesen neuen Weg mitgehen würde. Das hat nichts mit der Erde in den höheren Dimensionen zu tun. Die würde unbeschadet sein, wenn diese Erde es vorziehen würde, den Weg der Zerstörung zu gehen. Das wäre so, als wenn jetzt ein Mensch sagt: „Ich schaffe es nicht, in dieser hohen Schwingung der Erde zu sein, das ist mir zu schwierig. Ich gehe noch mal in den Übergang. Ich sterbe und komme etwas verändert wieder oder wechsle den Planeten." Davon wäre der höhere Anteil des Menschen nicht betroffen. Nichts geht verloren, alles verändert sich und ist im Fluss. Das, was in den Prophezeiungen der alten Völker oder auch von Sehern zu lesen war, hieß: „Die Erde geht unter. Sie wird zerbersten." Wenn du diese Prophezeiungen gelesen hast, manche sind sehr düster beschrieben, war dir sicher angst und bange. Bedenke, es waren menschliche, wenn auch göttlich inspirierte Voraussagen. Wer nun die Wirtschaft beobachtet, die Kriege, das Wetter und anderes, kann sich mit ein bisschen Fantasie gut ausmalen, wie es mit der Erde weitergehen könnte. „Das muss doch böse enden, nicht wahr"? denkst du vielleicht. Nein, ich darf dir versichern, die Erde erfreut sich großer Tatkraft und geht zusammen mit ihren Brüdern

24

und Schwestern, den Nachbarplaneten dieses Sonnensystems, und weiterer Nachbarn in einen starken Veränderungsprozess. Alle Planeten und Gestirne tun dies auf ihre Art und werden liebevoll von den Galaktischen Förderationen und vielen Gruppen, die den höheren Instanzen dienen, unterstützt.

Ich, Saint Germain, frage dich nun: „Wie fühlst du dich? Wie fühlt es sich an, eng mit mir verbunden zu sein? Ich geleite dich gern auf dieser herrlichen Erde und mit ihr in ein neues Zeitalter, das Goldene Zeitalter. Davon berichteten auch die Weisen der Alten. Aber bevor dies geschieht, bedarf es einer Veränderung der Schwingung von Erde und Menschheit. Das ist der Klärungs- und Freiheitsprozess, in dem wir uns jetzt alle befinden. Ist das nicht herrlich? Ich liebe lichtvolle Veränderungen und ich liebe die Freiheit! Du wirst frei, die Gedanken der Wesenheit, die dieses Feld Erde halten, verändern sich, sie werden weiter, freier, eben den höheren Schwingungen angepasst. Obwohl das auch nicht ganz richtig ist, denn dieses Wesen agiert bereits aus einer höheren Dimension. Dies ist alles ziemlich komplex, nicht wahr? Ich bitte dich, hab Vertrauen zu mir, dass ich als dein Bruder des Schutzes liebevoll meinen Mantel um dich lege, was immer auch geschieht. Und ich werde es möglich machen, dass du all diese für dich unverständlichen Begriffe, Informationen und Situationen besser verstehst. Ich lasse dich an meinem Geist teilhaben. Du wirst bemerken, wann immer du dich mit

25

gewissen Themen beschäftigst, werden Erkenntnisse plötzlich leicht verständlich da sein. Sehe ich ein Lächeln auf deinem Gesicht? Wie schön, dann hast du verstanden.

Die Erde wird nicht untergehen, sie verändert lediglich ihre Schwingungen. Und alle Vorkommnisse, alle dunkel anmutenden Transaktionen, Schummeleien, alles, was nicht in Freiheit und Göttlicher Wahrheit unterwegs ist, wird stagnieren und sich auflösen. Das ist das kosmische Gesetz in Urform, das hier wirkt. Das Spielfeld Erde erfährt eine starke Reform, die Dualität ist nicht mehr Herrscher des Spiels. Sie verändert sich bzw. trifft zusammen. Weiblich und männlich, in diesen Begriffen ist alles Dualistische vorhanden, verbinden sich wieder und werden Eins. Ich beschrieb bereits, dass sich alles einst von höheren Ebenen her in die tieferen transformierte. Nun geht es wieder zurück in die höheren Ebenen. Und verstehe bitte: Du bist aus den höheren Ebenen gekommen, um hier zu leben, zu dienen, dualistisch zu leben. Es war schwer, sich dem niederen Spielfeld anzupassen. Jetzt atmet dein höherer, lichtvoller Anteil wieder ein, holt seine ausgesandten Anteile wieder zurück. Dies tut er, indem er dich mit seinem Licht immer mehr durchlichtet. Die Erde tut dies ebenso. Auf der einen Seite hat sie viel zu tun, ihre Schlacken abzulegen, sich zu klären. Andererseits nimmt sie ihre höheren Anteile, die lichtvolleren, um dich damit zu tragen. Sie durchflutet dich mit ihrem Geist der allumfassenden Liebe. Sie wird durchlässiger. Wenn du in der

Natur spazierengehst und ganz in die Stille eintauchst, wirst du mit deinem inneren Auge die starke Verlichtung der irdischen Ebene wahrnehmen. Beim Meditieren mit den offenen Augen wirst du vielleicht leichte Verformungen des Laubes eines Baumes wahrnehmen und die Stämme sich bewegen sehen. Du kannst in die Substanz von allem blicken. Du siehst die Zentrifugalkraft der Atomkerne, wie sie sich dir offenbaren. Das liegt daran, dass deine Konsistenz sich auch verändert. Du verlichtest dich konform zur Erde. Ihr seid ein wunderbares Paar, nicht wahr? Schenke deiner Mutter deine Liebe und dein Verständnis. Denke aber nicht, Mutter Erde würde es schlecht ergehen. Sie freut sich über die Veränderung. Lausche in der Stille der Natur: Es ist, als würde die Erde singen. Es sind Loblieder auf den Schöpfer allen Seins, es sind Jubelrufe über den Aufstieg.

Erde und Menschen steigen gemeinsam in die höheren Ebenen. Doch sei dir dessen gewiss: Es ist nur ein kleiner Hüpfer im Vergleich zu den unendlichen Schritten, die du noch tun wirst, bis du wieder im Schoße des Schöpfers ruhst!

# Die Aufgestiegenen Meister der Erde

Die Erde war seit ihrer Abspaltung von ihrer Ganzheit eines größeren Planeten immer beseelt. Viele hohe Wesen von Nachbarplaneten, anderen Sonnensystemen und Galaxien wurden vom hohen Rat der Schöpfung aufgerufen, hier ihre Ideen und ihre Schöpferkraft auszuprobieren. Einige kamen mit Samen von Pflanzen und Tieren hierher. Sie transformierten ihr eigenes Selbst in eine tiefere Schwingung herab, oder sie schickten Anteile hierher und blieben in einiger Entfernung stationiert und beobachteten sie aus der Ferne. Viele kamen und probierten und erschufen. Andere kamen, um etwas aus der Erde zu entnehmen, was ihnen auf ihrem Planeten fehlte. So war auf der Erde ein ständiges Kommen und Gehen. Wisset, nichts gab es, was nicht probiert wurde. Nicht alles geschah in Liebe und Achtung vor der Schöpferkraft. Aber das ist ein anderes Thema. Zu allen Zeiten veränderten die Seelen, die hier inkarnierten, sich selbst und auch ihre Nachkommenschaft. Alles ist ja ständig im Fluss. Dies alles geschah in Verbindung mit der Erde. Nachdem sie ihre Schwingung herabtransformierte, die Menschen dadurch eine Getrenntheit von GOTT empfanden und die Dualität immer mehr das Leben ergriff, ging auch das Wissen über die Schöpfung und über Naturkräfte und vieles mehr verloren. Es wurde zu etwas Besonderem, es wurde das, was ihr heute Geheimwissen nennt. Da sich der Mensch seines göttlichen Kerns nicht mehr bewusst war, sah er dieses Wissen auch als etwas an, was außerhalb von ihm und zu erlernen war. Er achtete und ehrte es als etwas ganz Außergewöhnliches und dachte, dass nur ganz besondere Menschen dies wissen dürften. Völlig verrückt, nicht wahr, wo doch alles Wissen in jedem Menschen enthalten ist?

Ich möchte jetzt einen kleinen Schlenker zu dir, lieber Leser dieser Zeilen tun: Auch du denkst immer noch, dass das hohe Wissen um die Schöpfung etwas ist, das nur ganz besondere Menschen bzw. Seelen verdient haben. Wie zum Beispiel die großen Engel und die Aufgestiegenen Meister oder die weisen Gurus im Osten. Der ganz normale Mensch, so nimmst du an, hat es nicht verdient. Siehst du, so eine Einstellung haben die Menschen von sich selbst. Sie glauben, dass sie des Wissens nicht würdig seien.

Zu jeder Zeit gab es Menschen, die das Wissen *bewusst* in sich trugen und damit arbeiteten. In späteren Zeiten, als die Dunkelheit die Erde überschattete, waren es nur noch wenige Menschen, die das hohe Wissen bewusst trugen und einsetzten. Das war auch die Zeit, in der eure eigenen Kanäle zum Wissen verstopft waren. Das Wissen musste neu erlernt oder die Kanäle wieder geöffnet werden. Die Menschen zogen sich zurück in geheime Stuben und lasen in den alten Büchern oder lauschten den Worten eines Meisters, der ihnen dieses Wissen anvertraute. Der Schüler wurde oft geprüft, ob er dieses Wissen verdient hatte und damit gut umging. Er musste rein und klar sein, um keinen Schaden anzurichten. Stück für Stück wurde das Wissen übertragen und damit geübt. Das geschah in auserwählten Räumen und in Gebieten, die auf Kraftplätzen lagen. Dort war es möglich, die Anbindung zu GOTT herzustellen. Dort konnte die Energie fließen und dem Menschen die Schöpferkraft für bestimmte Experimente und den Kontakt zur geistigen Welt ermöglichen. Manche dieser Plätze waren und sind noch direkt mit unseren Gemeinschaftsstätten verbunden.

Diese Menschen entwickelten sich zu Meistern ihrer selbst. Sie lernten, die Zentrifugalkraft der Atome zu beherrschen und somit vieles zu beeinflussen. Sie konnten durch Wände gehen, die Naturgesetze leiten und verändern, sich an verschiedenen Orten gleichzeitig aufhalten, vor den Augen anderer unsichtbar werden. Und sie lernten, Blei in Gold zu verwandeln oder Wasser in Wein. Ja, dieser Jesus war auch Schüler und dann der Meister. Wir alle, die diesen Weg gingen, haben uns zu einem göttlichen Menschen entwickelt. Wir lernten alles kennen, was zum Erschaffen dazugehört. Wir veredelten unsere niederen Körper und gingen dann den Weg des Aufstiegs. Wir verlichteten unsere Körper und wurden zu dem, was wir jetzt sind. Wir können uns weiterhin irdisch bewegen, wenn nötig. Wir leben in Gebieten, die zwischen verschiedenen Dimensionen ihren Platz haben. Unsere Treffpunkte sind in abgeschiedenen Gebirgen und auf der Ebene der fünften Dimension zu finden. Variierend auch in der dritten und vierten Dimension, das geht ineinander über. Wir können dieses Feld variieren. Wir pendeln von Ort zu Ort, und wir sind immer da, wo wir gebraucht werden. Oft in einem anderen Gewand, für die meisten von euch nicht zu erkennen. Wir arbeiten, man könnte sagen, inkognito. Die Menschen auf der Erde, die uns durch Schriften wie diese erkennen, können zu uns Kontakt halten. Dies geschieht meist über Meditationen, über innere geistige Reisen, über Gespräche, die Gedankenkontakte sind, und über Mittelspersonen, die unsere Botschaften vermitteln. Es gibt Boten von unseren Ebenen zu den euren. Wir sind immer in Kontakt mit euch. Es gibt keine Sekunde, wo dies nicht so ist.

Verstehe bitte, dass ich dieses Buch an euch weitergebe, damit du, lieber Leser, dir dessen bewusst bist. Du sollst verstehen, dass auch du diesen Kontakt bewusst halten kannst. Es ist eine neue Zeit auf der Erde angebrochen, die es durch die Schwingungserhöhung der Erde möglich macht, dass wir nahen Kontakt halten können. Wir freuen uns sehr darüber und haben nun die Botschaft aus den höheren Reichen vor circa zwanzig Jahren bekommen, dass wir allen Menschen helfen dürfen, zu erkennen, wer sie wirklich sind. Wir wollen, dass ihr das Wissen, das sogenannte Geheimwissen, in den Händen haltet und damit experimentiert. Wir sind

Wächter an eurer Seite. Wir helfen euch, es so anzuwenden, dass es keinem schadet. Wir beginnen meist, indem wir eure Kanäle öffnen und den geistigen Kontakt in den Meditationen oder auch beim Spaziergang in der Stille zu euch aufnehmen. Ihr werdet vielleicht plötzlich stehen bleiben und die Augen schließen und ein Bild von mir oder El Morya oder Lady Nada vor euch sehen. Jesus könnte es auch sein oder Maria Magdalena. Wir sind dann für euch, wenn auch etwas verschwommen, sichtbar, und wir sprechen zu euch. Vielleicht ist es erst ein zaghaftes Lächeln, was du empfängst, oder eine liebevolle Begrüßung durch eine Umarmung oder durch einen Kuss auf deine Stirn. Vertraue diesen Dingen, wenn du sie erlebst, und halte unseren Kontakt. Einige von euch gehen in Seminare und bekommen so den Kontakt wie durch diese geehrte Dame, die diese Worte an euch weitergibt. Wir wollen euch nahe sein, denn ihr werdet gebraucht. Ihr seid die Pioniere, die nun die Veränderungen der Erde unterstützen, indem ihr all das alte Wissen (be)lebt. Ihr tut dies nicht in heiligen Stätten, sondern direkt im Leben. In dem eigenen täglichen, normalen Leben, das mit Arbeit, Kinder Großziehen, Partnerschaften etcetera verbunden ist. Ihr lebt nicht isoliert in der Einöde und übt unseren gemeinsamen Kontakt dort und betet. Ihr seid die Gesalbten, die jetzt dieses Wissen und diesen lichtvollen Kontakt im Leben etablieren. Das Ziel ist, dass alle Menschen auf Erden erreicht werden. Einige Menschen, auch in wichtigen wirtschaftlichen Positionen, sind schon ein bisschen inspiriert und tun dies durch Meditieren auf den Atem oder durch Transzendentale Meditation. Durch Spaziergänge, um den Kopf klar zu bekommen, oder Yoga oder Bücher, die sie interessieren und die sich, wenn auch nur ansatzweise oder wohl verpackt, mit unseren Themen befassen. Jeder Weg ist recht und wird unterstützt. Das ist die Vernetzung des Lichtes, die notwendig ist für die Erde und das Sonnensystem. Wir brauchen alle, jeden Einzelnen. Wenn du dieses Buch vielleicht als etwas „schräg" empfindest und es weglegst, wird es trotzdem nicht ohne Wirkung sein. Dann bist du vielleicht ungewollt infiziert. Irgendwann wirst du etwas tun, was der Erde und den Menschen hilft, was immer es auch sei. Diejenigen von euch, die diese Botschaften als nichts Neues empfinden, brauchen vielleicht noch einen kleinen Anstoß, um das im Leben umzusetzen, was nun ansteht. Wir geben dir einen kleinen Knuff, erscheinen dir in deinen Träumen oder in den Meditationen oder anders und sagen dir: "Auf, auf, es ist Zeit, deinen Dienst anzutreten. Wir wissen, was zu tun ist, folge unseren Hinweisen."

Wir Aufgestiegenen Meister haben alle unsere eigene Stätte, unsere Orte, wo wir es bevorzugen zu sein. Bei mir ist es nach wie vor ein kleiner, abgelegener Ort in den Karpaten, jenem Landstrich, den man früher Transsilvanien nannte. Nein, ich hab Dracula nicht als Nachbarn… Spaß muss auch sein. Lachen ist gesund, öffnet das Herz und das Zwerchfell des Menschen, dadurch kommt mehr Energie in die Lungen und in das System. Da die Luft, der Atem in dieser Zeit mit hoher Energie gepaart ist, wirst du spüren, dass sich diese Energie, je mehr du mit uns in Kontakt bist, wie ein prickelndes Elixier anfühlt. Wir sorgen dafür, dass diese Luft, die du bewusst einatmest, rein ist. Sie ist wie reines, göttliches Manna. Ja, lache gern, das tut dir gut. Göttliches Manna ist wie Labsal für Körper, Geist und Seele. Es ist die Verbindungstür zu GOTT, zu uns, zum Geheimwissen, zu den höheren Anteilen von dir. Verstehst du nun, lieber Bruder, liebe Schwester: Wir sind da, um dir zu dienen. Wir dienen dir und allen Menschen, die sich erheben und den Weg der Freiheit beschreiten wollen.

Wenn ich nicht in meinem selbst erschaffenen Heim verweile, halte ich mich in den großen Stätten der Weißen Bruderschaft auf. Wir haben einige Gemeinschafsräume im Himalaja und in den Rocky Mountains. Die Zugänge dorthin könnten sogar irdisch durch bestimmte Gänge erreicht werden. Sie sind aber nur für die zugänglich, die einen lichtvollen Passierschein haben. Andere werden nicht durchdringen. Die Anzahl derer, die uns besuchen können, wird sich erhöhen. Wir freuen uns sehr darüber und haben uns, unsere Herzen und unsere Stätten weit geöffnet. Gesegnet ist der Mensch, der uns die Hand reicht. Wir werden sie nehmen und ihn in Ehre sanft führen in das, was ihr das Himmelreich nennt.

Alle diese Stätten sind uralt und enthalten viele Schätze irdischer und geistiger Art. Viele Gemälde lagern dort. Ja, auch solche, die man nach einem Raub nicht mehr auffand. Wir hielten es für besser, wenn diese Bilder für eine gewisse Zeit der Öffentlichkeit nicht mehr zugänglich sind. Dort lagern auch viele Schätze, Edelsteine, Gold und andere edle Materialien, die euch noch nicht bekannt sind, oder soll ich sagen, nicht mehr? Stell dir vor, dass in deiner DNS, in deiner göttlichen Agenda, all dieses Wissen darüber gespeichert ist. Du kennst die alten Materialien, du hast mit ihnen gearbeitet oder du hast sie im täglichen Leben verwendet. Vielleicht warst du es, der sie hierher zur Erde brachte. Verstehe, lieber Mensch, alles Wissen ist da, alles, was du erlebt hast oder deine Brüder und Schwestern erlebt haben, ist in dir gespeichert. Du weißt alles. Und es wird die Zeit kommen, wo du dich an alles mühelos erinnerst. Du wirst lächeln, ja, ich sehe es schon, und sagen: „O wie herrlich, ich erinnere mich!" Ja, so wird es sein.

In diesen Stätten, die seit vielen Jahrtausenden von den Alten der Aufgestiegenen Meister gehütet werden, finden auch mit Menschen sehr lichtvolle Begegnungen statt. Wir laden euch ein und ihr kommt. Manchmal geschieht dies körperlich mit einem deiner lichteren Körper, manchmal bleibt es für dich nur als ein kurzer Traum in Erinnerung. Wir haben schöne Stunden, auch Feste hier und freuen uns, immer mehr Menschen bewusst auf dem Weg des Erkennens zu dienen. Erinnere dich an diese meine Worte, du wirst Begegnungen mit uns haben. Du wirst morgens erwachen und dich erinnern, vielleicht nur bruchstückhaft.

Dann schreib es schnell auf, damit du es nicht vergisst. Du wirst auch Inspirationen haben, die von uns kommen. In der Nacht laden wir dich manchmal auch ein, um dir andere Inkarnationen von dir zu zeigen, damit du dich erinnerst, was du alles schon tatest. Wir tun dies nicht zu deiner Belustigung oder Befriedigung des Egos. Es dient deinem Selbstvertrauen und kann dir einen Schubs für deine nächsten Schritte geben. Was immer du beruflich tust oder in der Zukunft ausüben wirst, das alte Wissen wird sicherlich mit einfließen, und damit wird dein Vertrauen in dich selbst wachsen. Das ist das Ziel vieler Unterweisungen.

In diesen Stätten der Begegnung, ob in unserem persönlichen Zuhause oder in den Gemeinschaftsstätten der Bruderschaft, sind wir immer mit höheren Wesen in Kontakt, die mit uns verbunden sind, die uns dienen, uns helfen, unser Bewusstsein noch mehr zu erweitern. Wir halten auch Kontakt zu hohen Wesen und Räten des Lichtes, die dieses Sonnensystem, die Galaxie und sogar dieses Universum betreuen, und solche, die diese unendlichen Gebiete und Sphären mit ihrem Bewusstsein halten. Alles ist so riesig, es ist unendlich, dass es für den niederen menschlichen Verstand unvorstellbar ist. Wir lassen euch in unseren Einladungen auch gern an diesen lichtvollen Treffen teilhaben. So manch einer von euch ist von so einem Treffen zurückgekommen und hat von einem Tag auf den anderen sein Leben völlig verändert. Er hat verstanden, warum er hier ist.

Liebe Freunde, haltet alles für möglich, begrenzt euch nicht. Ihr seid die, die bald unsere Zepter in den Händen halten. Das Konzept der Aufgestiegenen Meister wird sich im Neuen Zeitalter etwas verändern. Viele von uns werden euch das Zepter überreichen. Ihr seid die neuen Aufgestiegenen Meister. Einige von uns werden bleiben, das ist fast eine persönliche Entscheidung. Wir wollen die Neue Erde erleben und dort dienen. Aber die meisten von uns gehen eine Ebene weiter. Auch das wird *euch* erwarten. Einige von euch werden in den nächsten Jahren große Sprünge machen, um vielleicht sogar einige Ebenen zu überspringen. Ihr seid die, die schon lange hier ihren Dienst tun, vielleicht sogar schon Meister sind und zurückkamen, um hier zu helfen. Ja, so ist es.

Wenn du mit einem von uns gemeinsam den Weg beschreitest, kannst du davon ausgehen, dass wir jeden Schritt von dir wahrnehmen, du befindest dich in unserem erweiterten Bewusstsein. Wir helfen dir, wir inspirieren dich, wenn wir meinen, der Weg ist ein Irrweg. Entscheiden musst du allerdings selbst, was zu tun ist. Nun ist meine Frage an dich: Ist es nicht eine herrliche Zeit hier auf Erden? Jeder Mensch hat die Möglichkeit, sich ganz zu erkennen. Das ist das Juwel dieser Ära. Der Mensch erwacht zum kosmischen Menschen. Unsere Hilfe ist dir dabei gewiss. Wenn du uns in den nächsten Nächten in unseren Gemeinschaftsstätten besuchen möchtest, du bist herzlich eingeladen. Dein Wunsch ist mir Befehl.

# Meine Aufgabe als Repräsentant der Freiheit

ICH BIN Saint Germain, ein Aufgestiegener Meister und einer von vielen, die es schafften, sich aus irdischen Fängen zu lösen. Damit will ich nicht sagen, dass ich nicht gern auf der Erde lebte. Ich war ein Freund der Navigation, der Musik, der Malerei, der Poesie, ein Spezialist auf dem Gebiet der Gravitations-Forschung, und man sagt, ich sei ein guter Diplomat gewesen. Und ein Alchemist war ich auch, hm ja, das ist wahr. Ich war alles gern. Es hat mir große Freude bereitet. Nur, ich war selbstverständlich, genau wie ihr, in den Fängen der Dualität verhaftet. Ich fühlte meine Emotionen, meine Trauer, meine Angst, mein Alleinsein. Es gab Zeiten, da fühlte ich mich völlig getrennt von der Quelle. Ich war wie eingefangen in einem hohlen Raum. Ich vegetierte viele Leben einfach nur so vor mich hin. Ich war wie lahmgelegt und huldigte meinen Träumen, meiner Trauer und meinem Opferdasein. Ja, so war es. Dann kam der Zeitpunkt, an dem ich, ihr würdet sagen: „die Nase voll hatte" und dachte: „Es reicht, da muss (s)ich etwas ändern." Ich folgte meinem tiefen Gefühl im Herzen und habe es dann geschafft, mich aus meinem Wirrwarr an Mustern und Emotionen zu befreien. Ich erkannte plötzlich, was mit mir geschehen war. Ich dachte immer, andere waren die Täter und ich das arme Opfer. „Was hat man mir angetan?" ersann ich vorher. „Ich bin doch nicht schuld, die anderen haben mich verletzt, eingesperrt, geschlagen, ermordet, gefordert. Meine Frau hat mich verlassen, meine Eltern sind gestorben und ließen mich allein, die Kinder haben mich verraten. Der König hat mich in den Kerker gesperrt. Meine Depeschen wurden konfisziert, meine Mission flog auf." Alles drehte sich wie im Kreis, die Dramen wiederholten sich. Gut, ein bisschen Liebelei mit einigen Damen, ja, die verschafften Freude, aber ein Wohlgefühl, das Glück der Liebe, der hohen Liebe, blieb mir verwehrt. Ich hatte auch gar keine Zeit dafür, ich war in meinen Dramen so gefangen und liebte sie. Ich konnte nicht ohne sie sein. Sie waren wie eine Sucht. Erkennst du dich wieder?

Ich möchte dich nicht an den Pranger stellen, aber ich denke mir, dir kommt das sehr bekannt vor. Keiner von euch, wenn ich in die Leserschaft blicke, ist völlig frei von Prägungen und Dramen. Das Problematische an dieser immer wiederkehrenden Verhaltensweise ist, es macht euch Spaß. Ja, ja, ich weiß es. Du findest es zum Teil recht angenehm, der Verletzte zu sein. Bemitleiden lässt du dich. Du armer Mensch, was hat man dir angetan! Wo hat es dich hingeführt? Diese bösen anderen Menschen, was haben sie dir angetan! Der Chef hat dich weggeschoben, du bist strafversetzt an einen schrecklichen Ort. Deine Frau hat dich mit einem anderen verlassen. Was denkt die sich? Sie hatte es doch so gut bei dir. Dein Sohn ist der Star der Klasse im Schuleschwänzen, seine Noten sind blamabel. Warum tut er dir *das* an?

So bist du in einem Netz von Emotionen, alten Erfahrungen und karmischen Verstrickungen gefangen. Wenn du das einmal ganz kritisch anschaust und dich der ganzen Dinge entledigst, sie loslässt, indem du in die Stille gehst und alles mit einem großen Abstand siehst, entdeckst du, dass diese Dramen der Motor deines Lebens sind. Hast du Lust, einmal einen anderen Weg einzuschlagen, oder liebst du deine eingetretenen Pfade? Möchtest du weiter Opfer und Täter sein, oder würde es dich erfreuen, aus der Neutralität zu leben? Ich nenne es FREIHEIT. Willst du die Freiheit? Gut, dann folge meinen Spuren und lass mich dir helfen zu erkennen.

Wir wollen ein bisschen darüber reflektieren, wie du in diesen Sog des dramatischen Seins hineingeraten bist. Stell dir vor, als du auf die Erde kamst, warst du noch nicht in diesen Plan der Dualität eingespannt. Es gab sie anfangs noch nicht, erst später, nach dem Untergang von Atlantis wurde diese Art des Erdenspiels erfunden, eingeleitet durch die Veränderung der Magnetgitter. Hohe Wesenheiten, die mit ihrem Bewusstsein das morphogenetische Feld speisen, veränderten die Vorgaben. Es entstand die endgültige Trennung des Männlichen und Weiblichen, lediglich in jedem Menschen selbst war beides noch zu finden, äußerlich

40

waren sie getrennt. Es begann das Spiel von Gut und Böse. Schau einmal neutral: Was wäre, wenn Gut und Böse nicht da wären? Es wäre alles ohne Wertung, ganz simpel betrachtet. Es wäre einfach, ohne eingeteilt zu werden. In dieses Spiel sind alle Menschen mehr oder weniger verwickelt. Stell dir nun vor, du spielst dieses Spiel nicht mehr mit. Du wählst die neutrale Entscheidungsebene. Betrache bitte kurz dein jetziges Leben. Sieh nur kurz hinein, detaillierter kannst du es später in Ruhe beleuchten. Prüfe, wie läuft dein Leben und in welchen Bahnen? Wo liegen die Sorgen, wo ist ein Drama? Wo müssen Entscheidungen gefällt werden und wer ist an alledem beteiligt? Warum, glaubst du, bist du mit diesen Menschen zusammen, die mit dir wohnen oder die Arbeit mit dir teilen? Hast du sie dir ausgewählt oder haben sie dich ausgewählt? Wahrscheinlich geschah dies, um gemeinsam zu spielen. Denn eigentlich ist alles hier ein Spiel. Werde dir nun kurz bewusst, wer du wirklich bist. Du kamst von weither, um hier als ein Teil eines großen Ganzen zu leben. Ein Teil von dir ist in der Freiheit. Du kannst nun, und das ist das Besondere an dieser Zeit, wählen, ob du von einer höheren Sicht aus dein weiteres Leben in Freiheit oder weiterhin eingespannt in die Dualität führen willst. Verstehe bitte, dass kaum ein Mensch völlig frei seine Entscheidungen trifft. In deinen niederen Körpern sind deine alten Erfahrungen gespeichert. Es sind die aus diesem und aus anderen Leben. Dieser Erfahrungsschatz ist dir nicht unbedingt bewusst, aber er prägt dich. Und er ist wie ein Bumerang oder wie eine Lemniskate, er führt dich wie im Kreis und mischt sich stets in deine neuen Entscheidungen ein.

Nehmen wir ein Beispiel: Du hast Angst vor Wasser. Woher mag das kommen? Deshalb planst du keinen Urlaub am Meer, du bevorzugst Erkundungsreisen und meidest zusätzlich Hotelpools. Oder: Deine Schwiegermutter ist dir nicht sympathisch. Sie meckert immer und scheint all deine Schwächen zu kennen. Sie ist dir trotzdem sehr vertraut. Warum das so ist? Sie war im letzten Leben vielleicht deine Frau? Verstehst du nun, warum nichts völlig frei gelebt werden kann? Es gibt alte Verbindungen, gemeinsame Leben, Verabredungen, Schwüre, Versprechen, Verfluchungen und vieles mehr. Was kannst du tun, um frei zu leben? Nun kommt die Violette Flamme ins Spiel. Die meisten von euch haben davon schon gehört. Ich möchte in diesen Zeilen diese Flamme nur am Rande erwähnen. Mehr darüber ist in anderen Büchern zu erfahren. Am besten ist es, du fragst mich direkt.

Die Violette Flamme ist ein Teilaspekt des Göttlichen Lichtes. Ein jeder Mensch hat in seinem Kausalkörper alle Aspekte wie ein Prisma gespeichert. Es waren bis vor circa 20 Jahren sieben Aspekte für den Menschen wahrnehm- und einsetzbar. Seitdem gibt es zwölf Aspekte des Göttlichen Lichtes, die freigegeben wurden. Das wird sich in Zukunft noch erweitern, bis alle Facetten in diesen Erdbereich hineinwirken. Man kann diese Aspekte auch Strahlen nennen. Sie sind eine große Hilfe, wie Menschen es sich kaum vorstellen können. Wir sagen gern: Hole dir diesen oder jenen Strahl zu Hilfe, lasse dich durchstrahlen von der Wirkung dieses Aspektes. Der Violette Strahl gleicht einer Flamme. Diese Flamme war zu Zeiten von Atlantis jedem in einem herrlichen Tempel zugänglich. Die Qualitäten dieses Strahls, dieser Flamme, sind leicht zu verstehen. Es ist der Strahl der Transformation und der Freiheit. Dieser Strahl lichtet alles, was unklar erscheint, er transformiert alte Schlacken, er hilft, Beziehungen zu klären, Dramen zu schlichten, und kann Krankheitsbilder lösen. Was nicht bedeutet, dass er ärztliche Hilfe ersetzt. Die Flamme wirkt auf der höheren Ebene deines Seins. Sie klärt deine nieder-en Körper und kann auch deine Selbstheilungskräfte unter-stützen, indem sie den Grund der Krankheit offenbart.

Vielleicht hast du jetzt Lust, einmal kurz die Flamme an dir selbst zu spüren? Lehne dich zurück, schließe die Augen und fühle in dich hinein. Mehr brauchst du nicht zu tun. Fühle und erkenne.

„Schreite in deine Freiheit", möchte ich dir ans Herz legen. Es könnte der Leitspruch deines weiteren Lebens sein. Ich biete dir meine Hilfe an, so wie vielen Menschen, auch denen, die an hohen, strategisch wichtigen Stellen sit-zen und Entscheidungen für andere treffen. Ich kann nur die Hilfe anbieten. Sich der Freiheit zu öffnen und meine Ratschläge und Inspirationen anzunehmen, ist deine Sache. Freiheit zu leben, bedeutet auch, loszulassen und bereit zu sein, sich selbst ganz kritisch zu durchleuchten: Wo bin ich nicht frei? Wer sagt mir, was ich zu tun und zu lassen habe? Wo passe ich mich an, obwohl ich eigentlich etwas anderes leben möchte? Was sind meine nächsten Ziele in diesem Leben? Sich ganz kritisch und offen mit sich selbst zu beschäftigen, kann eine längere Zeit in Anspruch nehmen. Packe die Gelegenheit beim Schopfe. Es könnte gut sein, dass du beginnst und dann wieder aufgibst, weil es dir zu schwierig erscheint. Du denkst: „Das schaffe ich nie, wie soll ich all das klären und glätten? Wenn ich nein sage, verlassen mich einige Menschen. Dann bin ich ganz allein. Wenn ich auf das verzichte, was mir doch eigentlich ganz lieb ist, bin ich wirklich allein. Was mache ich dann? Mit wem teile ich mein Leben?" Es kann zu solchen Erkenntnissen kommen. Manchmal spürst du Dinge auf, die dir unpassend erscheinen, bei näherem Hinsehen aber einen Sinn ergeben. Du kommst sogar zu der Einsicht, dass du dem anderen dankbar sein musst, dass er ein so guter Spielpartner war. Es geht darum, aus sich selbst heraus das Leben zu entscheiden, was nichts mit Herzlosigkeit anderen gegenüber zu tun hat. Wer in sich selbst ruht, entscheidet immer aus dem Herzen. Und Entscheidungen, die schmerzen, können auch die sein, die am meisten klären. Oft gilt dies nicht nur für das eigene Leben, sondern auch das des anderen. Eine Trennung von jemandem, ob es ein Partner ist oder ein Sportkumpel, kann auch für den anderen befreiend sein. Der hat sich vielleicht nur nicht getraut.

Er hat nun auch die Chance, sich neu zu orientieren. Es ist die Kunst, sich selbst wirklich kritisch zu besehen. Nimm dir die Vergangenheit nicht übel. Du hast es nicht besser gewusst, und wahrscheinlich waren alle Begegnungen genau richtig.

Was sind Trauer und Ängste, was ist Selbstmitleid? Alle diese Zustände sind emotional und mit alten Erlebnissen und Erkenntnissen verknüpft, die aus diesem oder anderen Leben stammen. Schaue dir rückwirkend deine schon gefällten Entscheidungen an. Warum hast du geheiratet? Eine gute Frage, nicht wahr? Weil es alle Menschen tun, weil deine Eltern es von dir erwarteten, weil deine Freundin es verlangte, sonst hätte sie sich einen anderen Mann geangelt? Ich wähle bewusst diese Formulierung. Schaue dir alles Bisherige deines Lebens an und erkenne, warum du wie handeltest. Das muss dich nicht erschrecken, du solltest dich auch nicht verdammen, dazu neigt der Mensch. Du solltest dich selbst liebevoll in den Arm nehmen und dir sagen: „Ja, das tat ich, weil... und es war gut so. Jetzt weiß ich es besser und entscheide nur noch aus meiner Klarheit, damit ich das tue, was ich wirklich will."

Jeder Mensch hat in sich einen göttlichen Kern, die Verbindung zur Quelle, das Höhere Selbst. Je mehr du dir dieser Quelle bewusst wirst und ihr erlaubst, dein Leben direkt mitzuformen, desto klarer werden deine Wege. Dies zu fördern, war übrigens eine der wichtigsten Disziplinen in den alten Mysterienschulen. Das hat sich also nicht verändert,

45

es ist nach wie vor das höchste Ziel. Du hast es heute viel leichter, an diese höhere Instanz von dir heranzukommen. Du brauchst dir dessen lediglich bewusst zu sein und dein Herz für diese Begegnung öffnen. Ich helfe dir gern dabei.

Wie sieht es aus, hast du Lust, gemeinsam mit mir den Weg in die Freiheit zu gehen? Wohlan, satteln wir die Pferde und reiten in das Niemandsland, dorthin, wo Stille und Klarheit herrschen und wo die Nullzone ist. Dort ist das Schöpferlicht am stärksten und dort ist die Möglichkeit, selbst zu manifestieren, was dein Leben bereichern soll.

# Die Erde und ihre außerirdische Familie

Wir, die Aufgestiegenen Meister, sind voller Elan und Tatendrang für die Neue Erde und hoffen, dass viele Menschen unsere Gedankengänge und Inspirationen verstehen, aber nicht versuchen, sie nur mit dem Kopf aufzunehmen. Es ist eine neue Ära angebrochen, die herausfordert und dazu ermuntert, alles mit der inneren Weisheit aufzunehmen und nicht logisch zu analysieren. Das wäre die falsche Art, die Erde neu zu entdecken und das Geheimwissen anzuwenden. Was auch bedeutet, dass der Mensch mit all seiner Herzensdisziplin das hohe Wissen nicht aktiviert, um es nur zum Wohle der anderen einzusetzen, sondern auch gern für das eigene irdische Leben. ICH BIN Saint Germain und dafür bekannt, sehr offen und locker mit vielem umzugehen. Ich liebe die Erde und kann das irdische Leben immer noch gut nachvollziehen, da ich eng mit ihr verbunden bin und mich oft schnell und effizient in andere Menschen hinein begebe. Das tue ich mehr, als ihr euch vorstellen könnt, und es dient entweder dem Menschen selbst oder es ist wichtig für eine weiterreichende Maßnahme, vielleicht für ein Einmischen in globale weltliche Entscheidungen. Dies erfordert viel Klarheit, Flexibilität und viel Liebe zu den Menschen und ihrer Art, sich auf der Erde zu bewegen. Ich nehme meinen Dienst sehr ernst, aber ich habe eine große Portion Leichtigkeit im Gepäck, und ich genieße es sehr, einfach nur irdisch zu sein. Vielleicht fühlst du jetzt, wie ich zwinkere. Ich will dich ermuntern, auch in Leichtigkeit zu sein. Was hast du zu verlieren? Dein Leben? Ach, du hast schon so viele gelebt, und vielleicht folgen noch viele. Das ist übrigens deine Entscheidung, die Erde noch mal durch Tod zu verlassen. Oder du wählst die Form des Aufstiegs, indem du jetzt Siebenmeilenstiefel anziehst, einige Stationen überspringst und gleich höhere Ebenen anvisierst. Du kannst deine Rückreise verkürzen. Die Möglichkeiten und Werkzeuge dafür sind nun da beziehungsweise offenkundig. Ich halte sie in meinen Händen, wir, alle Aufgestiegenen Meister, tun dies und reichen sie dir. Du musst nur zugreifen. Mein Fazit: Ich empfehle dir, öffne dein Herz, um aus dieser Ebene Informationen zu verarbeiten und Entscheidungen zu fällen. Sei anderen aus dieser Ebene des Seins behilflich, aber genieße das irdische Leben mit allen Facetten, auch wenn du dabei noch einiges aus der Ebene der menschlichen Logik formst.

Wir wollen nun ein bisschen zurückschauen zu den Besamungen der Erde. Ich tue dies, um dir die Vielfalt zu demonstrieren, mit der dieses *Projekt Menschheit* ausgestattet wurde. Du wirst dies am besten mit dem Gefühl erfahren können. Lasse also los und erlaube mir, dir ein paar

Bilder zu senden, während du hier liest. Schau, viele Wesen waren hier, um ihre Samen für die Menschheit und auch für die Tierwelt und die Pflanzenwelt zu geben. Nichts von dem, was hier jetzt blüht, wächst und gedeiht, ist zufällig. Einiges von dem Ursprünglichen ist nicht mehr da. Der Samen hat sich entweder nicht mehr vermehrt, ist nicht aufgegangen, oder er hat sich mit anderen gekreuzt. So ist es auch mit den Menschen. Es gibt Samen von den Aldebaranern, die hier anfangs weilten und experimentierten, wie man am besten auf der Erde sein kann. Sie veränderten ihr Energiefeld, ihre Gene und hatten schließlich eine gute Art gefunden, hier leben zu können. Die meisten von ihnen verließen die Erde irgendwann. Einige blieben zurück. Dann kamen welche von ganz weit her aus einem anderen System, ich will sie die Tokaden nennen. Von den Schwingungen her ist dieser Name stimmig. Sie kamen aus einem anderen Universums und hatten keinen *Adam Kadmon*. Dies ist der Begriff für den ursprünglichen menschlich geformten Körper, für den göttlichen Entwurf. Sie hatten ihr Bewusstsein in die Form eines Fisches gebettet. Sie verwandelten ihre Körper für die Erde in eine Art gehender Fisch. Sie gingen auch in die feuchten Gebiete, um die Gewässer zu erobern. Sie lebten hier und dort. Aus diesen Besuchern entwickelten sich später echsenartige Wesen, die sich auch in diesem Sonnensystem verbreiteten. Sie spielten später Krieg und Frieden auf dem Planeten Erde und mit anderen im Umfeld dieses Sonnensystems. Versuche, die Informationen mit einem gewissen Abstand zur Emotion zu sehen und fühle die Leichtigkeit, die ich dir jetzt vermittle. Wer weiß, vielleicht warst du einer der Herrschenden, die Kriege initiierten?

Wisset, die Erde hatte immer einen ganz besonderen Schutzgürtel. Ich will es so erklären: Sie war ein Lieblingsprojekt der hohen Wesen, die dieses Feld der Galaxie umspannen. Sie sahen es als „ihr Lieblingskind" an. Hier wurde nicht alles zugelassen, was herein wollte. Dennoch gestatteten sie es, dass sich Krieg und Frieden hier etablierten, indem das geschah, was fremdgesteuert war. Es wurde mit Energien, die Schöpferenergien waren, experimentiert. Bei Experimenten, das ist dir ja bekannt, gibt es auch immer einige, die misslingen. So lebten auch Wesen hier auf dem Planeten, die durch Kreuzungen entstanden und nicht passend waren und dem schöpferischen Plan entgegenwirkten. Sie verursachten ein Ungleichgewicht hier auf diesem Planeten. Eine Form kann man als Halb-Tier-Halb-Mensch bezeichnen. Diese Kreaturen waren eben, wie der Name schon sagt, nicht das Eine und nicht das Andere. Sie waren keine glücklichen Kreaturen. Ich beschreibe dies, damit du siehst, was alles geschah. Sie wurden eliminiert und andere Experimente und Kreuzungen wurden ausprobiert. Später gingen einige dieser Besucher wieder und hinterließen eine Nachkommenschaft, die sich wiederum mit anderen kreuzte, auch mit den ersten Samengebern, den Aldebaranern. Kommt dir dies aus der griechischen Mythologie bekannt vor?

Die Erde bekam im Laufe der Zeit vier Grundrassen. Sie werden die Gelbe, die Rote, die Schwarze und die Blaue genannt. Wenn du dich heute umschaust auf der Erde, siehst du die vielen Kreuzungen der Rassen. Du kannst mit genauem Wissen, das ich dir gern direkt gebe, alles rekonstruieren. Du erkennst, wohin welche Völker gezogen sind, wo sie sich niederließen. Dann kannst du sehen, wo es Erdveränderungen gegeben hat, wo sich Wasserbereiche und Kontinente verschoben und wo die Völker wanderten. Einige Stämme wurden durch größere Wetterveränderungen fast ausgerottet. Es blieb jedoch immer ein Kern zurück, der sich dann wiederum mit Neuankömmlingen oder schon etablierten Rassen verband. Wenn du einige Urindianer genau anschaust, erkennst du mongolische Züge in ihren Gesichtern. Wie schon erwähnt, ist die Erde eine Anlaufstelle für viele Völker und Stämme aus den unterschiedlichsten Galaxien und Systemen gewesen. Die Erde ist wahrlich eine Fundgrube an vielerlei Qualitäten und Eigenschaften. Und all diese Besiedelungen brachten immer wieder neues Wissen mit und gaben Ideen für neue Lebensweisen. Die waren nicht immer lichtvoll, aber durchaus angemessen für dieses Experiment. Es war spannend und aufregend für alle Pioniere, die hierher kamen. Im Laufe der Zeit haben sich nun viele Seelen hier inkarniert, die sich dann allmählich in den Kreislauf der Reinkarnation begaben. Das geschah vor circa 100.000 Jahren und hatte mit dem Untergang von Atlantis zu tun. Ich möchte hier auf diesen Kontinent nicht näher eingehen, darüber gibt es gute Informationsquellen. Es sei nur am Rande erwähnt, dass hier etwas Neues geschah. Generell könnte man sagen, die Rasse, die all diese Erfahrungen einläutete, war die der Plejadier. Man muss dieses Siebengestirn als eine bunte Mischung von Wesen verstehen, die nicht alle in menschlicher Form leben. Einige haben eine Prägung von Echsen. Sie sehen aus wie diese gepanzerten Tiere, die jetzt hier gut bekannt sind. Ich darf verraten, dass diese heute lebenden Tiere, wie ihr sie sehen könnt, auch ihren Samen von dort haben, obwohl sie genetisch nicht menschlicher Natur sind und nicht beseelt im Sinne von Menschsein. Nun muss man wissen, dass die Plejadier kamen, um zu prüfen, ob man hier eine bestimmte Art von Leben ansiedeln könnte. Eine andere Gruppe der Plejadier gleicht unserem Äußeren. Wenn du vielleicht bald einen von ihnen triffst, wirst du erstaunt ein: Sie sehen aus wie ein Bruder oder eine Schwester.

Die Plejadier sind hervorragende und bekannte Gentechniker. Durch ihre Besamung entstand eine sehr klare menschlich aussehende Rasse, die man die Blauhäutigen nennt. Sie ließen sich hier in Frieden nieder, lebten eine sehr schöne, kraftvolle Ära und waren sich in Liebe ihrer Schöpferkraft bewusst. Sie erschufen auf der Erde hohe Mysterienschulen, sie setzten die geometrischen kosmischen Gesetze um. Sie sind daher die Schöpfer der Pyramiden in Gizeh und vieler anderer lichtbringenden und -leitenden

Bauwerke. Sie taten dies in Zusammenarbeit mit den Siria-
nern, die schon vor ihnen seit langer Zeit einige Stütz-
punkte auf der Erde hatten. Wer sich näher damit befassen
möchte, es gibt Literatur über die Verbindung von der
Hauptpyramide zum Sirius, die übrigens heute noch
besteht. Die Sirianer arbeiten seit jeher mit Menschen
zusammen, die das alte Wissen halten und jetzt aktivieren,
um dann bald die Kraft der Pyramide einzustellen. Sie wird
nicht mehr benötigt, weil die Menschen dieses Bewusstsein
nun in sich selbst öffnen. Wie schon erwähnt, hat der
Mensch in seiner DNS alles gespeichert. Das Wissen ist da,
das muss der Mensch nun verstehen, und es ist kein
Geheimwissen mehr. Es will jetzt offen gelebt werden. Alle
Außerirdischen, die in Liebe hier waren, freuen sich sehr
mit der Erde über den neuen Weg und verweilen im Orbit
der Erde in ihren Raumschiffen. Sie sind mit der Erde, mit
dem Magnetgitter, den Kraftplätzen und mit uns in unseren Lichtstätten eng verbunden. Das alles steht auch in
Verbindung zu den Hohen Räten des Lichtes dieses Quad-
ranten des Sonnensystems und dieser Galaxie, die sie
betreuen. Es ist wahrlich ein wundervolles Spektakel, das
jetzt seinen Lauf nimmt: Seit der Harmonischen Konver-
genz 1987 beobachten viele Seelen aus anderen Systemen
unseren Aufstieg und überlegen: Wo dürfen wir helfen,
und wo ist der freie Wille nach wie vor zu respektieren?
Selbstverständlich könnten diese Wesen mit ihrem Wissen
der Erde überall behilflich sein. Aber so ist es nicht geplant.

Wir müssen unseren Weg selbst gehen. Voller Respekt beobachten sie das Geschehen und senden lediglich ihre Zuversicht, ihre Liebe zu uns. Wir sind in Liebe getragen auf unserem Weg.

Doch nun gehen wir nochmals einige mehrere tausend Jahre zurück. Die Plejadier hatten in ihrem System auch Brüder, die echsenartigen Wesen, die noch nicht den Weg ins Licht vollzogen hatten. Sie trugen ein dunkles Kleid und manipulierten hier auf der Erde die Menschen. Sie griffen in das göttliche, lichtvolle Leben, die schöpferische Energie und in den göttlichen Frieden, der hier gelebt wurde, ein. Atlantis gilt oft als eine tragische Zeit. Das war sie jedoch erst zum Schluss. Anfangs war es eine sehr lichtvolle Epoche. Die vielen Facetten darüber sind in anderen Büchern nachzulesen. Diese Brüder wollten die Menschen dominieren, und Kriegsabsichten blieben folglich nicht aus. Wie es eben ist in diesem Spiel der Dualität: Der Krieg begann. Anfangs hatten die lichtvollen Plejadier mit ihrer liebevollen Art, vieles diplomatisch und weise zu regeln, die Oberhand, aber das wandelte sich. Mir sei erlaubt zu bemerken, dass dies nicht mit negativen Gedanken von euch belegt werden sollte. Vergiss nicht, du warst wahrscheinlich dabei. Es gehörte zum freien Willen. Höhere Wesen hätten ohne Probleme eingreifen können, aber es war so gewollt. Die Überlebenden dieser schrecklichen Ära verbreiteten sich auf der Erde. Die Lichtvollen nahmen auch viel Wissen mit in die höheren Ebenen. So auch zu uns. Einige von den Meistern aus dieser Zeit weilen hier nun als Aufgestiegene Meister. Einige Menschen inkarnierten immer wieder und brachten das Wissen in verschiedene Teile der Erde. Wir hüten das mitgebrachte Gut so lange, bis die Menschen dafür wieder reif sind. Einiges davon wird schon stückweise offenbart. Wir helfen den Menschen, lichtvoll und in Liebe mit den neuen, alten Erfindungen umzugehen. Das ist gewiss. Die Plejadier, die nicht im Lichte standen, verließen größtenteils zum Untergang von Atlantis die Erde. Einige zogen sich in das Innere der Erde zurück. So ist auf diesem Planeten immer noch dieses Ungleichgewicht von hell und dunkel, gut und böse vorhanden. Alle Zeit über von Atlantis bis jetzt. Da sich die Dualität nun wieder vereint, werden sich auch die Verhältnisse auf und in der Erde verändern. Die nicht im Licht stehen, gehen oder wechseln das Gewand. Sie dürfen wählen. Was, glaubst du, werden sie tun? Viele haben das alte Gewand schon abgelegt und erstrahlen im neuen Lichtkleide. Einige werden woandershin gehen. Das ist ein Prozess, der andauert.

Wenn du nun noch einmal deinen Blick auf die Plejadier, einen Samengeber, wirfst, siehst du vielleicht nun vor deinem inneren Auge eine Gestalt, die mit blauer Hautfarbe gesegnet ist. Nun stell dir vor, wie sich Reste von den anderen Samen mit denen der blauen Rasse vermischten. Jetzt kommt eine weitere Besamung ins Spiel, die bisher die letzte seit Anbeginn der Erde ist. Die Venusier begaben sich mit einem Trupp weiser Seelen hier auf die Erde. Du weißt sicher, dass Sanat Kumara der Hüter der Erde ist. Er ist ein Kumara, was man irdisch mit einem König übersetzen könnte. Einige der Kumaras haben sich vor längerer Zeit entschlossen, die Erde mit ihrem Samen zu beehren. Die Venusier tragen einen menschlichen Körper und leben auf ihrem Planeten in der Schwingung der fünften Dimension. Die Kumaras suchten sich ihren Platz im hohen Norden der Erde aus. Es ist bekannt, dass man dort immer eine reine Rasse vermutete. Die Herrscher oder besser die angestifteten Führer des dritten Reiches, wussten von dieser Rasse und verherrlichten sie als Ideal für den irdischen Menschen. Doch das ist eine andere Geschichte.

Ein Teil der Venusier lebt jetzt im Inneren der Erde und hat ihre Kraft nicht in die dritte Dimension herab transformiert. Ein größerer Teil der Venusier baute sich Stationen auf der Erde und vermischte sich im Laufe der Erdenzeit mit anderen Bewohnern; das war einer ihrer Pläne für einen neuen Weg der Erde. Die Kerngruppe der Venusier baute sich eine Lichtstätte über der Wüste Gobi, die als Shamballa bekannt ist, um von dort aus zu wirken. Sie ist auch heute noch der Sitz der geistigen Weltregierung. Geschichtlich waren sie als Hyperboräer, später Wikinger bekannt, die sich vom hohen Norden ausbreiteten. Wenn du die Geschichte verfolgst, die übrigens in weltlichen Geschichtsbüchern sehr lückenhaft und falsch interpretiert ist, wirst du ihren weiten Weg nachvollziehen können. Die

Rasse, die ihr die Juden nennt, ist ein Teil der Kernrasse der Venusier, die sich rein hielten und sich nicht mit den anderen Rassen vermischten. Das hat einen übergeordneten und auch einen spirituellen Sinn. Sie hielten und halten in ihrer DNS das reine Wissen über Erde und Menschheit, das ihnen jederzeit zugänglich ist, weil es nicht verdeckt von karmischen Prägungen ist. Doch das ist noch eine andere Geschichte.

Meine Art zu erzählen, ist nicht nur zur einseitigen Informationsgabe gedacht, sondern sie soll dich anregen, dein eigenes Wissen zu lockern und es zu öffnen. Du weißt das alles. Du bist diesen weiten Weg mitgegangen. Wann immer du auch dazugestoßen bist zum Planeten Erde und welchen Samen du auch hauptsächlich in dir trägst, du weißt trotzdem alles, weil alles in deiner DNS gespeichert ist. Die ist interdimensional und mit dem göttlichen Computer der Erde und des Sonnensystems verbunden. Die *Akasha Chronik* ist in dir, nicht irgendwo da draußen. Ich möchte dich anregen, diese Informationen, die nur Grundpfeiler sind, nachwirken zu lassen. Sie wirken, das darf ich dir versprechen. Bei einem schönen Spaziergang oder einer Zeit der Stille wirst du weiter eintauchen und plötzlich Ideen oder Erinnerungsfetzen bekommen. Du wirst wissen, dass du einiges miterlebt hast, dass du vieles warst und dass gewisse Erfindungen, Erkenntnisse durch dich auf die Erde kamen. Alle alten Seelen waren vieles und haben diesen Planeten nicht nur bevölkert, sondern ihn auch zu dem gemacht, was er jetzt ist: ein Planet für irdische Erfahrungen mit einem prall gefüllten morphogenetischen Feld. Dieses Feld besteht aus Gedankenspielformen von den hohen geistigen Haltern, angereichert mit den Erfahrungen der Menschen, die diese Gedankenformen als Basis nahmen.

In dir ruhen Samen von allen Rassen, die hier auf die Erde kamen. Du bist, und es ist nicht von Belang, wie oft du schon hier warst, ein Wesen, in dem alle Erfahrungen aller Menschen in seiner DNS enthalten sind. Ist das nicht aufregend und verrückt zugleich? Du bist ein Außerirdischer. Du brauchst keine Ausschau zu halten nach den UFOs. Die Außerirdischen sind schon da, und du bist einer von ihnen! Nun halte Ausschau nach den Brüdern und Schwestern, die im Orbit der Erde geduldig darauf warten, bis die Erdbewohner reif dafür sind, mit ihnen eine Begegnung der dritten Art zu haben. Ich helfe dir gern dabei.

# Das Leben in der Erde

Überall ist Leben auf diesem Planeten. Der Mensch denkt meist, dass nur das Realität ist, was er sieht. Aber das ist so eine Sache mit dem Sehen, nicht wahr? Es gibt so viele Wirklichkeiten, wie der Betrachter sie zulässt. So scheint zum Beispiel jeder Mensch äußerlich so, wie der Betrachter ihn sehen will. Nehmen wir dich selbst. Wenn du dich im Spiegel siehst, wirst du das wahrnehmen an dir, was du willst. Vielleicht bist du schwer aufgestanden und siehst dich sehr blass oder unscheinbar, oder du findest dich unattraktiv, weil dein Haar sehr eigenwillig liegt. Wenn deine Freundin kommt, entdeckt sie an dir das, was sie entdecken möchte. Sie könnte dein wirres Haar oder deine Blässe als etwas ganz Besonderes sehen, etwas Kreatives oder vornehm Anmutendes. Deine Mutter, die zu Besuch kommt, bemerkt vielleicht, dass du so blass wirkst, weil das Kleid nicht zu dir passt. „Ein buntes Kleid würde Farbe in dein Gesicht zaubern", resümiert sie. So wird alles mit dem Auge des Sehenden, dem Wahrnehmenden bewertet und somit in die Form gebracht, die deine Wirklichkeit zu sein scheint. Der Mensch denkt, dass nur das real ist, was sichtbar ist. Dass es außerdem verschiedene Dimensionen gibt, damit setzten sich meist nur einige, eher wissenschaftlich orientierte Menschen auseinander oder die, die ganzheitlich geistig interessiert sind. Der normale Mensch glaubt daran nicht. Wenn man darüber berichtet, dass die Welt nicht nur eine Kugel mit verschiedenen Erdmassen, einem Mantel und einem heißen Kern ist, sondern vielschichtiger, dann halten die meisten dies für phantastische Ideen. Die Erde ist ein Bewusstsein, in dem die Menschen oben auf und in ihm leben. In vielen anderen Sonnensystemen leben die meisten Bewohner in dem Planeten und nicht auf seiner äußeren Schicht. Das hat verschiedene Gründe, meist sind sie eher praktischer Natur. Oft, weil die äußeren Verhältnisse nicht zum Leben einladen. Entweder ist die Temperatur nicht annehmbar oder andere Unmöglichkeiten tragen dazu bei. Auf den äußeren Schichten sind meist eher Energiesysteme vorhanden oder Speicherbehausungen für Vorräte oder geometrische, kosmisch ausgerichtete Stationen, die zu Verbindungen in andere Ebenen dienen und ähnliches.

Wir wollen uns den Planeten Erde diesbezüglich einmal näher anschauen. Die Erde, auch Terra oder Gaia genannt, ist ein lebendiges Wesen in verschiedenen Ebenen mit vielen Facetten. Diese dreidimensionale Ebene ist nur eine von mehreren. Es macht also Sinn, da einmal näher hinzuschauen. Wenn du in der Natur bist und ganz in die Stille gehst, kannst du feine Vibrationen vernehmen. Das sind die eigenen Schwingungen der Erde. Die variieren auch manchmal, je nachdem, wo man steht. In den Gegenden mit viel Gebirgen ist diese Vibration oft stärker und gut wahrnehmbar. Wir wollen nun schauen, was es im Inneren gibt. Einmal sind es Menschen, die in der Erde leben, das sind ein paar Völkerstämme, die sich seit Jahrhunderten in die tiefen Ebenen zurückgezogen haben. Sie richteten sich dort häuslich ein, nachdem viele kriegerische Aktivitäten sie dazu trieben. Es gibt viele Höhlensysteme im Inneren der Erde. Die reichen von größeren Höhlen, wo kleine Stätten gebaut sind, bis zu kleineren Räumen für einzelne Wesen, aber auch zu Gruppenräumen für viele. Es geht von ganz einfach und spartanisch, wie du dir vielleicht das Leben der Höhlenbewohner vorstellst, bis hin zu großen Anlagen, die technisch perfekt sind und zum Überleben für obere Bewohner dienen, bis hin zu inneren Gärten Eden, in denen das Leben auf eine feine und biologisch hochwertige Art gepflegt wird. Das ist ein Biogartensystem, in dem Menschen ganz autark und ohne Umweltgifte leben. Die Höhlen sind sehr groß und haben lichtvolle Zugänge, sodass die Bewohner dort gut und lange leben können. Natürlich veränderten sich die Körper der Menschen im Laufe der Zeit. Der Körper ist Bewusstsein und passt sich den Veränderungen an. Er kann sich zum Beispiel ohne Probleme in der Dunkelheit zurechtfinden, hat seine Körpertemperatur angepasst und wird die Nahrung anders aufschlüsseln. Eben so, wie es die Umgebung und das Leben dort erfordern. Einige von den technisch sehr perfekten unteren Stätten sind von oberen Regierungen gebaut. Es sind Zufluchtstätten für Menschen, wenn es zu Atomkraftversuchen oder -angriffen kommen sollte, wenn Menschen nicht mehr auf der Oberfläche leben können. Da dies nicht für alle Menschen gedacht ist, sondern nur für die Elite, ist das auf der Erde in der Bevölkerung nicht allgemein bekannt.

Dann gibt es in den tieferen Regionen Wesen, die dort schon sehr lange leben und nie das äußere Tageslicht zu Gesicht bekommen. Sie existieren meist nicht in der dritten Dimensionsschwingung, sondern sind in der vierten Ebene anzutreffen. Das heißt, ihre Körper sind nicht mehr ganz physisch. Sie schwingen höher und sind für das menschliche Auge nicht gut sichtbar. Nur mit eigenen Schwingungsveränderungen und mit Ausdauer kann man die Wesen wahrnehmen, wenn man überhaupt die Chance hat, ihnen zu begegnen. Sie leben dort schon sehr lange. Einige von ihnen haben auch keine menschliche Statur. Sie sind eher pelzig und gedrungen, haben eine Größe von ca. 1,50 Meter. Sie stammen von den Aldebaranern ab beziehungsweise sind aus einer Kreuzung hervorgegangen. Wenn man sie einordnen wollte, wo sie in ihrer Evolution stehen, würde ich sagen, sie sind noch in der Dualität, streben aber kollektiv dem Lichte zu.

Schauen wir noch höherschwingend in die Erde, würdest du sicher ganz aufgeregt sein, denn dort ist wahrlich eine wunderbare Art des Lebens zu entdecken. Es gibt

62

Berichte von Menschen, die dort schon eingedrungen sind, dies war übrigens geführt, sie wollten die Menschen wissen lassen, dass es sie gibt. Ein Teil von ihnen stammt von den Lemurianern ab. Sie sind eine Restgruppe der Besamung der Wesen, die aus einem anderen Universum kamen. Der größere Teil der Lemurier ist in höhere Dimensionen zurückgegangen. Lemurien war ein Kontinent, der teils vor, teils mit Atlantis existierte und durch Missbrauch göttlicher Energien unterging. Sie leben in breiten Gebieten von Amerika, unter anderem direkt unter dem Gebiet von Mount Shasta. Das ist nur ein kleiner Teil der gesamten Gruppe, die dort lebt. Unter Tibet, Ägypten, einem Teil von Europa und anderen Gegenden der Erde sind kleine Zusammenkünfte von Gruppen der Lemurier. Des weiteren haben ein paar außerirdische Gruppen dort ihre Stationen, um die Erde zu studieren. Es sind nicht alle solche, die zu den Urrassen zählen, die hierher kamen, siehe voriges Kapitel. Es sind auch solche dabei, die sich hierher begaben, um Experimente aller Art zu machen. Die meisten von ihnen schwingen vierdimensional, einige sind höher schwingend. Es gibt außerdem ein paar Kolonien im Inneren der Erde, die mit Wesen bevölkert sind, die hier eine Strafe verbüßen. Sie stehen unter Quarantäne und haben dort noch ein bisschen zu verweilen. Die meisten sind rekrutiert und bereiten sich auf ihren Weg ins Licht vor. Zu allen diesen Gruppen kann man Kontakt aufnehmen.

Die hohen, lichtvollen Wesen, die dort leben, teilen ihr Dasein mit einer inneren Sonne, die ihnen die Kraft gibt, dort zu sein. Ihre Statur ist größer als die der Menschen, sie kennen noch viel von dem alten Wissen und leben danach. Alter spielt für sie keine Rolle, sie werden generell Hunderte von Jahren alt und verlassen diesen Bereich bewusst auf ihren eigenen Wunsch. Nahrungsmittel gibt es in Hülle und Fülle. Vielfach wird sich von Prana, der Urmaterie, ernährt, angereichert mit Früchten und Gemüse aller Art. Sie leben die allumfassende Liebe und freuen sich über jeden menschlichen Kontakt, der ernsthaft gemeint ist. Sie unterstützen die Menschen bei ihren Bemühungen, zu verstehen und zu wachsen. Bei allen diesen Kontakten musst du wissen, dass, wie erwähnt, nicht alle in Licht und Liebe schwingen. Mache gern deine Erfahrungen. Jetzt ist die Zeit dafür, festzustellen, wie umfangreich das Leben auf diesem Planeten ist. Es ist auch interessant, die unterschiedlichen Kulturen kennenzulernen. Auch denen, die nicht im Licht stehen, könnte eine Kontaktaufnahme helfen. Es wäre auch ein Dienst, ihnen dein Licht und deine Liebe zu vermitteln. Du wirst wissen, wann es für dich soweit ist. Ich begleite dich gern auf deinen Reisen. Die innere Sonne ist der Lebenskern der Erde, es ist die Kraft, die ihre gesamte Struktur nährt und stärkt, denn die Erde ist Bewusstsein, wie die Menschen auch. Die Sonne ist direkt mit der Zentralsonne dieses Sonnensystems verbunden, und die wiederum mit einer größeren Zentralsonne.

Der Erdkern wird somit direkt mit den göttlichen Lichtpartikeln gespeist. Wenn du dich auf die Erdvibration noch einmal konzentrieren möchtest, kannst du auf der Gefühlsebene einen direkten Kontakt zur inneren Sonne eingehen. Spüre die Schwingungen, die direkt in dein Herz hineingehen. Sie laden dich ein, dein Herz noch mehr zu öffnen für diese höheren Schwingungen, die dich gern herausreißen möchten aus deinem menschlichen Denken und seinen Bewertungen. Wären die nicht da, wäre dein Leben sicher viel leichter und beschwingter und mehr göttlich getragen.

Sich mit dem Inneren der Erde auseinanderzusetzen, ist kein Muss, aber empfehlenswert, wenn man sich generell mit den Dingen beschäftigt, die mit dem äußeren Auge nicht sichtbar sind. Du wirst bemerken, dass sich deine Sichtweise des Daseins völlig verändert. Manche Dinge nimmst du mit dem äußeren Auge wahr, manche Dinge weißt du, obwohl du sie nicht siehst. Du weißt es einfach. Du hast innere Bilder, vielleicht so wie jetzt, wo wir miteinander kommunizieren. Denn wisse, kommunizieren beinhaltet nicht nur das Sprechen. Das wirst du zu schätzen wissen, denn die irdische Sprache wird dir bei außerkörperlichen Exkursionen nicht viel nützen. Dort regiert die Kraft der Telepathie, und vieles wird erfühlt. Beschäftige dich mit dem inneren und äußeren Fühlsehen. Das heißt, fühle mit deinem Herzen. Das äußere Bild trügt sehr oft, wie schon erwähnt bei dem Betrachten eines Menschen.

Probiere im täglichen Leben, deine Sicht zu erweitern, und studiere Menschen. Du triffst viele den ganzen Tag. Nimm dir Zeit, sie zu beobachten. Einmal mit dem äußeren Auge und dann mit dem Gefühl und dem inneren Auge. Sieh mit dem göttlichen Weitblick. Du wirst staunen, was du so über einen Menschen erfahren kannst. Das darfst du gern tun. Weißt du, jeder Mensch hat seine Führer und sein Höheres Selbst. Wisse, das, was über deinen Probanden nicht bekannt werden soll, wirst du nicht erfahren. Dafür ist gesorgt.

Da die Erde ihren Weg verändert, wird sich auch das Innere der Erde verändern. Einiges wird sich verschieben, einiges wird geklärt und verändert und aufgelöst. Die Bewohner werden ihre Stätten entweder aufgeben oder erweitern, wenn sie in der richtigen Schwingung sind. Die, die in der fünften Dimension schwingen, werden größtenteils die Erde nicht verlassen, sondern sich für andere Menschen, wie für dich, öffnen und gemeinsam die Neue Erde stabilisieren und viel Neues erschaffen. Ihr Rat wird sehr hilfreich sein. Sicherlich werden einige von ihnen auch die Erde und das System ganz verlassen und weitergehen. Sie taten schon sehr lange hier ihren Dienst und werden weiterziehen. So wie du es auch tun wirst, irgendwann.

Nun fragst du vielleicht: „Was ist mit den Aufgestiegenen Meistern, sind die auch in der inneren Erde?" Aber ja, wir haben auch dort unsere Stätten. Überall, wo es Bedarf gibt, sind wir dabei. Wir leisten auch Hilfe bei denen, die dort Arrest haben. Wir helfen den Lemuriern, noch besseren Kontakt in höhere Welten zu halten. Wir zeigen ihnen auch einige Dinge, die wir wissen und die sie nicht wissen. Wir tauschen uns alle aus. Ich darf verraten, dass der hohe König von Telos, der Stadt unter dem Mount Shasta, auch ein Aufgestiegener Meister ist, wahrlich von königlichem Rang, genau betrachtet, sogar kosmisch königlich.

Wenn die Zeit gekommen ist, und dies wird nicht 2012 sein, das Jahr, zu dem viele Menschen gern hinschauen und große Erwartungen hegen, werden sich alle Erden, alle niederen Dimensionen der Erde verbinden. Dann wird die Erde mit allen Kammern, Kraftplätzen und allen ihren Menschen, die noch geblieben sind, in der fünften Dimension schwingen. Die alten Weisen nennen es das Goldene Zeitalter. Jetzt ist die Zeit der Vorbereitung. Jetzt geht es darum, zu erkennen, wie die Erde mit ihrem System wirklich „funktioniert." Warum sind die Menschen hier? Wie geht es weiter? Diese Fragen stehen jetzt im Mittelpunkt. Die Erde ist im Wandel. Wir wollen in den nächsten Kapiteln sehen, wo und wie weitere Veränderungen stattfinden.

Ich bitte dich, du liebe alte Seele, hab Vertrauen in all die Geschehnisse hier auf dem Planeten und seinem Umfeld. Glaube bitte, dass viele Wesen, die von weither gekommen sind, diesen Planeten tatkräftig unterstützen und die äußeren Übel zu lindern versuchen oder in die richtigen Bahnen zu lenken. Die Eingriffe derer, die nicht in Liebe sind, sind nicht mehr im Plan erwünscht. Das

heißt, bei schwerwiegenden Manipulationen wird einge-
griffen und balanciert. Trotzdem gilt immer noch der freie
Wille, der ist euch nicht genommen. Nur, was ist der freie
Wille? Ein Geschenk oder eher eine Belastung oder gar
Irreführung? Ich würde dir raten, die Führung in die Hände des Schöpfers, deiner Höheren Anteile oder in mein Feld
zu legen. Wir haben die höhere Sicht. Die des großen
Schöpfers mag noch viel größer sein. Vertraue dem, dem du
dein Herz schenken willst. Ich stehe treu an deiner Seite.

# Atlantis, Lemurien, Hyperborea und die Vernetzung der Kontinente

Dieses Kapitel wird empfangen, wenn ihr das Osterfest feiert. Viele Menschen genießen diese arbeitsfreien Tage, ohne zu wissen, was Ostern bedeutet. Wer die irdischen Traditionen als Ganzes beleuchtet, kann einige religiöse Traditionen als Grundlage dieses Festes erkennen. In fast allen Traditionen kommt in der Mythologie dem Ei eine besondere Bedeutung zu. Das Ei wird als Fruchtbarkeitssymbol verehrt und als Grundlage der Schöpfung gesehen. Aus ihm ist alles entstanden und erwacht. Ich möchte dieses und die nächsten Osterfeste als etwas Besonderes bezeichnen, denn das Symbol der Fruchtbarkeit bekommt eine stärkere Bedeutung: Es wird ein neuer Weg der Fruchtbarkeit beschritten. Jetzt ist die Zeit, in der sich die Samen, die überall im Verborgenen liegen, öffnen können und zu einer neuen fruchtbaren Ära gedeihen. Die Erde und ihre Menschen wollen und müssen sich verändern und neue Wege gehen. Alles Alte funktioniert nicht mehr, das ist sichtbar. In den nächsten Jahren werden sich viele Traditionen, die künstlich erschaffen wurden, auflösen. Vieles von dem, was Kinder lernten, was gut und lebenswert sei, wird einer neuer Sichtweise unterzogen werden. Die Menschen werden hinterfragen, warum denn das Gute so gut sei und nicht anders. Warum braucht es Absicherungen des Lebens? Warum soll alles in festen Bahnen laufen, vorherbestimmt? Der Lebensweg des Menschen wird heute von Geburt an geplant, und „man" hat einen Weg zu gehen, den die Familie in ihrer Tradition an den nächsten weiter gibt. Wenn jemand früher andere Ideen hatte, galt er als das schwarze Schaf der Familie. Ich wäre froh, gäbe es mehr schwarze Schafe, die anders denken und handeln. So manches schwarze Schaf ist dann später auf der schiefen Bahn gelandet, weil das ständige Gegen-den-Strom-Schwimmen irgendwann die Flügel brach. Der Widerstand der Allgemeinheit war zu groß, die Kraft und der Mut schwanden.

Wenn ihr die Rechtsprechung betrachtet, das gilt für die ganze Erde, dann ist offensichtlich, dass Vieles sehr traditionell angelegt ist. Ich frage dich: Wer will über einen anderen Menschen richten? Wer weiß, warum einer dieses oder jenes tut? Mit der heutigen Psychologie versucht man, die Tiefe der Psyche zu erforschen, um Traumata zu entdecken, die scheinbar den Erklärungsbedarf decken. Aber wie weit wird geschaut? Werden die alten Leben mit berücksichtigt? Wer weiß, warum ein Mensch rebelliert, der unter Druck gesetzt wird und Dinge tun muss, die er nicht für passend hält? Im Inneren seines Herzens weiß er, dass das nicht richtig ist, was er tun sollte. Irgendwann dreht sich alles wie im Kreise. Der Mensch kommt nicht mehr gegen die Ströme der tiefen Erinnerung an und verstrickt sich in äußeren Handlungen. Doch wer will dies richten und wie? Wer diesen Blick auf alle Geschehnisse auf der Erde anwendet, wird eine völlig andere Sichtweise bekommen. Ich würde mich freuen, wenn du dies bei der nächsten Beurteilung einer Sache oder eines Menschen mit in Erwägung ziehst. Wenn alle anderen auf einen schimpfen, der jemanden missbraucht oder getötet hat, schaue du in dein Herz und sieh diesen Menschen ganzheitlich. Du wirst sofort spüren, was in ihm passierte, dass er sich zur Norm diametral entgegengesetzt verhielt. Wie geschieht Heilung für so einen Menschen, die ja gleichzeitig auch eine Heilung für das Opfer und die Umwelt sein kann? Das müsste die Frage sein. Ich antworte dir ganz gelassen: Indem ihr verzeiht und loslasst. Verzeiht ihm seine Taten, verzeihe dir deine Bewertung. Jeder Gedanke und jede Tat hat ihre Wirkung. Willst du nicht vielleicht einmal diese Kettenreaktionen beenden? Möchtest du der Pionier sein, der beginnt, für sich selbst alles neu zu bedenken und dementsprechend zu handeln? Das wäre wunderbar, denn wenn du so beginnst, dein Leben neu zu ordnen, wird automatisch dein Umfeld eine Veränderung erfahren. Entweder du wendest dich von einigen Menschen ab, weil du entdeckst, sie passen nicht mehr zu dir. Du entlässt sie mit viel Licht und Liebe und wünscht ihnen einen guten Weg. Oder du entwirrst deine Partnerschaften und gibst ihnen neuen Zunder, neue Kraft für eine andere Sichtweise und eine daraus resultierende neue Entwicklung.

Man kann von einer Sekunde auf die andere sein Leben verändern, indem man es anders sieht. Wenn man es anders sieht, handelt man anders. So einfach ist das. Das Fazit wäre, dass du deinen Lebensweg veränderst und damit dem morphogenetischen Feld einen Neuzugang präsentierst und es so verwandelst. Vielleicht steckst du durch deine Wandlung andere in deinem näheren Umfeld an, meist geschieht dies unbewusst, Missionierungen fallen selten auf fruchtbaren Boden, es geschieht oft wie von selbst. Tun dies nun viele in deinem Umfeld, in deinem häuslichen, deinem geschäftlichen, deinem Freundeskreis, so wird sich das morphogenetische Feld noch mehr verändern. Tun dies wiederum viele Menschen, verteilt auf der Erde, entwickelt sich ein Netz. Es umspannt zart und wachsend die gute, alte Erde. Und was geschieht? Richtig, die Menschen verändern sich und damit verändert sich alles. All das, was sie tun in ihrem Leben, wird anders sein. So entstehen die Veränderungen, die so wichtig sind. Sie beginnen in einem jeden Menschen. Jeder hat heute die Möglichkeit, durch das enttarnte Geheimwissen, zu erkennen, wer er ist, und dementsprechend verantwortungsvoll zu handeln. So entsteht eine Neue Erde. Sie beginnt bei jedem von euch und nicht im Außen. Das ist der zweite Schritt.

Wir haben dieses Kapitel mit den Worten von Atlantis und anderen Zivilisationen betitelt. Warum? Weil es sich jetzt lohnt, einen Blick auf diese alten Kulturen zu werfen. Nein, ich möchte jetzt keinen interdimensionalen Geschichtsunterricht erteilen, ich will dich für deine eigene Vergangenheit ein Stück weiter öffnen. Du weißt, du inkarniertest schon vielfach. Du bist gestorben, hast zwischen den Leben pausiert, dich drüben entspannt und warst dort auch aktiv. Dann kommt die Zeit des neuen Planens für die nächste Inkarnation. Du wählst eine Zeitschiene aus, die passend für dich ist. Alles geschieht demnach gleichzeitig. Vielleicht warst du im letzten Leben ein Hoherpriester in Atlantis, ein Viehhüter in Lemurien oder ein Geologe auf Hyperborea. Ich weiß, wer du gewesen bist in deinen letzten Leben. Ich sehe es in deiner DNS, ich aktiviere deine Erfahrungen und weiß Bescheid. Du auch? Nein, dann wollen wir dies ändern. Jeder von euch kann durch Schließen der Augen und der Unterstützung von uns im Geiste eine Reise unternehmen, um die Schauplätze seines Wirkens zu erkunden. Dies macht Sinn, wenn es darum geht, das jetzige Wirken hier zu unterstützen und zu stärken. Denn viele von den alten Seelen tragen noch das Schwert der Sühne auf dem Rücken und würden am liebsten irgendwo in der Ecke bescheiden ihr Dasein führen. „Nur nicht ins Rampenlicht treten", das ist der Wunsch. „Das könnte schiefgehen und bringt wahrscheinlich Ärger." Den Ärger kennst du aus den anderen Inkarnationen. Wir wollen, dass du klar und mutig voranschreitest. Da macht es Sinn, zu schauen, warum du es nicht tust.

Oder du kannst erfahren, dass die Ideen, die du für neue Schritte hast, gar nicht neu sind, weil du all das schon früher lebtest. Eine innere Schau bezüglich alter Qualitäten ist manchmal angebracht.

Da alles kollektiv ist, da du nicht allein hier bist und niemals allein sein kannst, das ist unmöglich, kannst du sicher sein, dass Vieles von den alten Belastungen aus diesen anderen Geschehnissen auf den verschiedenen Erden langsam gelöst wird. Dies geschieht kollektiv. Deshalb ist es so zu verstehen, dass alle diese alten Kulturen, von Atlantis bis Hyperborea und viele andere, die nicht überliefert sind, erwachen. Nun könnte man vermuten, dass gemeint ist, alle diese Kontinente erheben sich aus den Fluten oder werden wieder lebendig. Das wird nicht geschehen. Es ist so zu verstehen, dass das Wissen, das Erlebte wieder präsent wird, und das auf verschiedene Weise. Einmal wird das Wissen kollektiv sichtbar, dann wird es geheilt, wo Heilung erfolgen muss. Viele Geschehnisse geschahen unter dem Mantel der Dualität, die jetzt ebenfalls geheilt werden muss. Die Erfahrungen im Bereich des Lichtes werden für alle zugänglich gemacht. Nicht jeder wird sich an die alten Prägungen und Qualitäten erinnern. Das ist nicht notwendig. Es wird dann ein Zugriff auf dieses Wissen möglich sein, wenn es notwendig ist. Wenn du etwas wissen musst, wird es so sein. Du weißt es dann. Du hast in dem Moment Zugriff auf deine eigene Chronik. Du handelst somit interdimensional. Diese alten Zivilisationen erfahren in den nächsten Jahren Heilung, die Dualität vereinigt sich und das lichte Wissen ist zugänglich, für alle. Das ist gemeint mit der Auferstehung der alten Zivilisationen. Hier könnte man auch den Vergleich zum Osterfest ziehen: Die alten Kulturen gingen unter und erstehen nun im Lichte wieder auf. Sie fahren gen Himmel in den Schoß der Göttlichen Einheit.

Du siehst, es ist eine herrliche Zeit, die anbricht. Wichtig zu verstehen wäre noch, dass dieses Wissen der alten Kulturen nun wirklich für alle erreichbar ist. Wenn sich dieses Wissen im morphogenetischen Feld verändert, reinigt und klärt, dann ist es auf dem ganzen Planeten vernetzt, nicht nur hier, wo du für dich Zugang zu altem Wissen hast. Überall ist das in den nächsten Jahren möglich. Der schmerzlichen Taten und Erfahrungen der dualistischen Kulturen sind genug, sie lösen sich auf und legen ihre Göttlichkeit und das wahre Wissen frei. Das ist Heilung für Erde und Mensch.

Deshalb ist es auch nicht wichtig, wo sich ein erwachender Mensch aufhält. Der Kontakt zu den inneren Ebenen, zu dem Wissen, zur Heilung aller Schmerzen und Taten kann überall geschehen. Wenn ein Heiler mit einem Menschen arbeiten möchte, kann das geschehen, auch wenn der Patient an einem anderen Ort lebt. Das Heilen bestimmter Gebiete geschieht allerdings oft schnell und effektiv, wenn ein Mensch an den Orten lebt, wo er schon oft war. Das ist jetzt bei vielen Menschen so. Sie suchen die

Länder und Gebiete auf, in denen sie oft lebten. Dort darf eine Heilung mit ihnen, vielleicht auch den Partnern, die jetzt ebenfalls dort leben, und auch den Stätten des Erlebens geschehen. Glaubst du mir, wenn ich dir sage, dass jetzt viele in Deutschland wiedergeboren sind, die Nationalsozialisten waren? Auch die Opfer haben sich wieder hierher begeben, um in die Klärung für sich, die Täter, die Mittäter, die Mitopfer und Deutschland und alle Mitspieler zu gehen. Und, es ist sehr interessant zu wissen: Diese Heilung kann innerhalb von einer Sekunde geschehen. Das hängt mit deiner und der Entwicklung aller auf diesem Planeten zusammen. Da kann man wirklich von einer kollektiven Spontanheilung sprechen. Wenn gewisse Veränderungen im Kollektiv eine bestimmte Masse erreicht haben, verändert sich das morphogenetische Feld und Heilung ist für alle geschehen. Sofort. Viele Menschen spüren dies deutlich, wenn eine Sache, die immer sehr schwer zu verändern war, plötzlich ganz leicht geht. Es fließt auf einmal. Wenn viele Menschen sich plötzlich für andere, neue Ideen einsetzen, ist das auch ein Beispiel für diese kollektive Veränderung. So geschehen die Neuerungen, die wir uns jetzt alle wünschen und die so wichtig sind, um das Goldene Zeitalter bald deutlicher zu spüren.

Das ist es, was auch du dir wünschst, nicht wahr? Ich sehe dies wohl. Nur, nochmal in aller Deutlichkeit gesagt: Die Veränderung beginnt bei dir. Du kannst sofort dein Leben verändern, mache jetzt den ersten Schritt. Besieh dir genau die Lage, in der du dich jetzt befindest. Ich meine, das Problem, das du soeben wälzt. Warum ist es da? Was will es dir vermitteln? Wie kannst du es ändern? Dann werden sich die anderen verändern, beziehungsweise das Problem wird transparent. Jetzt nimm die Göttliche Urenergie und verändere die Lage. Wie das geht? Betrachte die Sorgen aus der Stille und atme tief durch und bitte deine Göttliche Instanz, sie möge dir die passende Lösung vermitteln. Aber bedenke, nicht immer ist die Lösung so, wie du sie gern hättest. Da kannst du einmal sehen, dass du in diesem Problem sehr persönliche Motivationen hattest. Die Lösung wird so sein, dass jeder mit sich ins Reine kommt. Sieger gibt es nicht nur einen, sondern es gibt zwei. Das ist eine ganzheitliche Lösung des Problems. Im Kern wird das Alte erlöst, was es zu diesem Problem werden ließ. Denn bedenke, keine Streitsituation ist nur aus der gegenwärtigen Ebene genährt. Die Vergangenheit wirkt immer mit.

Es sollte das Ziel eines jeden Menschen sein, sich von Altem zu befreien und aus der eigenen Göttlichen Quelle zu leben. Wohlan, es ist alles auf dem Wege, sich zu lösen und zu reinigen. Das Kollektiv ist dein Bruder, deine Schwester. Was macht da mehr Sinn, als sein Herz für dieses zu öffnen. Und spätestens jetzt darüber zu lachen, einen Menschen mit einer anderen Hautfarbe nicht zu akzeptieren und gar als fremd anzusehen. Du bist es doch auch, weil du es selbst warst und bist. Verstehst du diese göttliche

Logik? Ja, es wäre wunderbar, würden alle Menschen darüber lächeln, dass sie einem Andersfarbigen einmal nicht Ehre und Achtung erwiesen haben. Daher stammt auch die Nichtachtung des eigenen Seins. Die Lösung aller Probleme liegt im Spiegel der eigenen Göttlichkeit, welche mit der des anderen verbunden ist. Denn GOTT ist in jedem Menschen. Alle Menschen sind GOTT.

# Wirtschaftliche Umwandlungen
## und die Weißen Ritter

ICH BIN Saint Germain und freue mich sehr, mit dir diese Energie zu teilen, die Energie GOTTES. Wenn ich dich einlade, diese Zeilen zu lesen und diese Informationen zu aktivieren, sind wir ein Paar. Oh, nein, kein Liebespaar, oder vielleicht doch? Ich meine, aus der Sicht der Allumfassenheit geschaut, ist es die Göttliche Liebe, die wir nun teilen. Wir sind in sie eingehüllt. Ich bin mit einem höheren Anteil des Schöpfers verbunden, der mir die Kraft der Göttlichen Urenergie spendet, mit der ich all mein Tun würze. Es könnte allerdings durchaus sein, dass wir uns auf menschlicher Ebene inniger begegneten und das waren, was man ein Liebespaar nennt. Bedenke die Vielzahl der Inkarnationen, die du und ich teilen, und ich sagte auch schon, dass wir uns gut kennen, denn ein jeder Meister hat die Menschen in seinem Feld, die einander bekannt sind. Also, vielleicht waren wir einmal nah beieinander und du fühlst es in deinem Herzen pochen. Andererseits liegt es auch ein bisschen daran, dass mein Bild als der Graf von Saint Germain im morphogenetischen Feld im Laufe der Zeit mit einigen irdisch-männlichen Attributen versehen wurde. Ich sei elegant, galant und wisse mit Frauen umzugehen, sagt man, und ich hätte viel Charme. Ja, das mag so sein. Ich nehme diese Komplimente gern an. Siehst du, etwas Irdisches ist mir erhalten geblieben. Nun, ich möchte dir sagen, ein Liebespaar werden wir nicht, aber meine Hand als universeller Partner reiche ich dir gern. Ich erwähne dies hier, weil ich weiß, wer mich just besucht und hier liest. Willkommen im Kreise der Familie. Wir sind verwandtschaftlich verbunden, allerdings auf einer höheren Ebene. ICH BIN ein Teil deiner Kernfamilie, die du gern als galaktisch bezeichnen darfst.

Jetzt wollen wir meine Aufgabe als Repräsentant der Freiheit aus einem anderen Blickwinkel betrachten. Ich bin nicht nur mit vielen Menschen in Verbindung, um ihnen bei ihrem Aufstieg behilflich zu sein und meine Kraft für große Sprünge zur Verfügung zu stellen, ich arbeite auch mit den Entscheidungsträgern in Politik, Wirtschaft, in Vereinen und Interessensverbänden zusammen, die sich die Aufgabe geteilt haben, eine Führungsposition im Bereich der Macht einzunehmen. Diese Menschen, das betrachte bitte einmal aus einer höheren Warte, sind mit ihrem Päckchen an Erfahrungseinheiten zur Erde gekommen. Sie haben sich für diese Inkarnation einiges vorgenommen, um ihre Pakete zu öffnen und zu verarbeiten. Du weißt, wie ich dies meine. Dabei war ihnen eine verantwortungsvolle, manchmal machtvolle Position gerade recht. Oft wurden sie in eine Familie hineingeboren, die dafür bekannt war,

Repräsentanten der Macht heranzubilden und zu fördern. Manche, die jetzt eine mächtige Position bekleiden, die ihnen ein großes Spektrum an Handlungsspielraum bietet, haben sich aus einer Familie entwickelt, die sehr einfach lebte, jedoch in ihrem Kern höhere Visionen anvisierte und dafür den Samen in sich trug. Wie dem auch sei, sie machten sich auf den Weg mit ihren verschiedenen Voraussetzungen und Motivationen. Auch das ist interessant, nicht wahr? Eigentlich spielt es keine Rolle, wie und wo der Mensch die Kindheit verbrachte. Das, was er mitbringt in diese Inkarnation, ist wichtig. Und noch von Wichtigkeit ist: Helfer stehen an jeder Ecke, um die Person dorthin zu begleiten, wohin sie gehen soll. Da sind auch noch wir, die geistigen Führer der Person, die ihr nicht von der Seite weichen und gewisse günstige Treffen und Situationen herbeiführen, um die nächsten Schritte zu lancieren. Wir arbeiten alle im Team. Keiner, wirklich keiner ist allein und muss sich durchkämpfen. Obwohl so mancher Weg im Nachhinein so aussieht, als hätte er nur aus Kampf bestanden. Der Mensch denkt dann: „Ich hatte eine starke Kraft in mir, die mich vorantrieb, ich konnte gar nicht anders." Er weiß nicht, dass er wirklich nie allein ist, sondern alles mit der geistigen Familie bewerkstelligt. Auch die Kraft der Gedanken der Förderer ist nicht zu unterschätzen. Und vergiss nicht, keine Entscheidung und keine plötzliche Nominierung für ein Amt oder eine frei gewordene Position ist zufällig. Es gibt keine Zufälle, es sind Synchronizitäten.

Schau bitte circa 30 Jahre zurück und fühle die jungen Menschen, fühle, welche Potenziale in den Neugeborenen steckten. Fühle, wie anders und kraftvoll diese Kinder damals schon waren. Es waren ganz besondere Kinder, die damals geboren wurden. Nicht alle, aber viele sind mit einer außergewöhnlichen Kraft und guten Ideen hier auf die Erde gekommen. Ihre Instruktionen für diese Inkarnation waren nicht mehr so mit Positionierungen wie Karma, das abzuarbeiten war, belegt. Sie kamen vielfach karmafrei hierher, um viel Zeit in neue Ideen und wichtige Entscheidungen für die Erde zu investieren. Die Auswahl der Eltern geschah bei ihnen sehr gezielt. Es wurden die ausgesucht, die ihnen sehr behilflich sein konnten, klar und sanft in die kommenden Arbeiten eingeführt zu werden und voranzuschreiten. Was nicht bedeutet, dass es unbedingt wohlhabende Eltern gewesen sind. Es waren solche, die viel Zeit und Kraft hatten für diese oft auch nicht leicht zu erziehenden Kinder. Die hatten nämlich durch ihre große Bewegungsfreiheit viel Klarheit in sich. Sie wussten, was hier auf der Erde reformbedürftig ist. Sie hatten ihre Aufgabe immer, wenn auch etwas nebulös, vor Augen. Das floss sogar in ihre Kinderspiele mit ein, in ihr Verhalten ihren Spielkameraden gegenüber. Viele fielen durch ihren Gerechtigkeitssinn und durch die manchmal auch provozierende Art, die Erziehungsmaßregeln der Lehrer in Frage zu stellen, auf. Sie taten schon in sehr jungen Jahren ihr Missfallen an den bestehenden Normen des menschlichen

Lebens kund. Zu Recht, wie ich meine. Denkst du nicht auch, dass es an der Zeit ist, die alten Zöpfe abzuschneiden? Wir halfen und helfen diesen Kindern, meine Kollegen, die Aufgestiegenen Meister und ich. Je nach Verbindung zu den Menschen, ob im östlichen oder westlichen Teil der Welt geboren, in welche Religion dieses Kind eingebunden war, sind wir zuständig. Selbstverständlich ist die Betreuung dieser Menschen nicht vorbei. Und es werden immer mehr besondere Seelen geboren. Es sind die Pioniere nach den Pionieren. Manche kommen noch anders geprägt und auch schon sehr wissend auf die Erde. Sie werden das weiterführen, wofür die Ersten die Grundsteine für die Neue Erde gelegt haben.

Oft war es nicht ganz einfach, und nur mit viel Geduld und Verständnis gelang es, diese Kinder der Neuen Erde sanft in die passende Richtung zu lenken und in Liebe auf ihre Aufgabe vorzubereiten: Es ist ihre Aufgabe, grundlegende Änderungen hier auf der Erde einzuleiten und zu tragen. Manche der Kinder ließen sich gar nicht lenken oder führen und lebten eine Zeit wie ein/e Anarchist/in, teils völlig im Untergrund, alle Strukturen des Lebens erforschend, dann wieder laut und rebellisch im Äußeren, um an Demonstrationen, praktischen Veränderungen, die nicht immer lautlos waren, teilzunehmen. Vielleicht sogar ein paar Stunden in Gefängnissen absitzend, um auch dort zu spüren, was im System nicht mehr passend ist, und auch, um dort Licht hinzubringen. Sie alle dienen auch als

Lichtträger, um das göttliche Licht dorthin zu bringen, wo es dringend benötigt wird. Die Kinder sind die Samenspender für andere Menschen, die innerhalb ihres Umfeldes neue Ideen gebären für die Veränderungen innerhalb ihrer Familie, ihres Ortes und ihrer Straße.

Das ist diese so wichtige Vernetzung für die grundlegenden Veränderungen eines jedes Selbstes, nur so können die Änderungsenergien der höheren Lenker auf fruchtbaren Boden fallen. Althergebrachte Ideen der Führung werden bei den erwachten Menschen nicht mehr funktionieren, die haben selbst schon ihren göttlichen Samen gesät und möchten auch göttliche Früchte ernten.

Wir Aufgestiegenen Meister unterstützen nun eine Gruppe von Kindern, die jetzt junge Erwachsene sind und dort sitzen, wo Entscheidungen getroffen werden. Und das Verrückte ist, sie wissen vielleicht nicht einmal um ihre Wichtigkeit. Stelle dir nicht vor, sie sitzen dort und warten und warten auf ihren Auftritt. Sie haben vielleicht einen Beruf oder einen Job erhalten, der unscheinbar aussehen mag, wo zu einem ganz bestimmten Zeitpunkt ein Ja oder ein Nein ausgesprochen werden muss. Dies kann eine Abstimmung sein, die fällig ist, oder ein Gespräch über eine neue Idee in einem Betrieb. Vielleicht ist es sogar eine politische Wahl eines jungen Kandidaten, der eigentlich gar nicht als der Chancenträger galt, der nun zwei, drei Stimmen mehr hat als der Favorit und somit als der Mann oder die Frau an der Stelle sitzt, wo grundlegende

Veränderungen das große Ganze beeinflussen können. Und sei dir dessen gewiss, wir haben geholfen.

Wir halfen auch Barack Obama, seinen Platz einzunehmen. Seid gewiss, das war nicht zufällig. Das war ein großer Plan, der Stück für Stück von vielen kleinen Helfern umgesetzt wurde, wie bei einem Puzzle, bei dem jedes Stück wichtig ist. Jede Stimme zählte. Bis in die hintersten Winkel Amerikas floss seine vom Schöpfer gestärkte Energie, die Hoffnung und Liebe für ein geschundenes Volk verbreitete, das nun neue Wege für die in Amerikas Verfassung so gut verankerte Freiheit gehen kann. Barack Obama ist eine alte Seele, die jetzt mit großer geistiger Unterstützung neue Wege für die Erde aufzeigt und sie auch gehen wird. Wie es sich dann im Einzelnen umsetzen lässt, ist nicht vorhersehbar, es hängt von den Menschen um ihn herum ab. Sind alle bereit, loszulassen und neuen Paradigmen zu folgen? Bei einem kürzlich stattgefundenen Weltgipfel konnte jeder, der mit dem Herzensauge schaute, sehen, wer noch althergebracht dachte und handelte und wer von der Neuen Energie der Erde schon angesteckt war, infiziert von der Göttlichen Kraft und Schöpferkraft, die jetzt auf diesem wundervollen Planeten wirken will.

Wir nennen diese jungen, dynamischen, ganz aus ihrem Herzen lebenden, voll von ihrer Aufgabe überzeugten Menschen Weiße Ritter. Sie sind die, die ihr Karma fast abgelegt haben und somit recht klar und neutral aus dem Herzen heraus die neuen Wege der Erde beschreiten wollen. Auch die, die Jesus vor über 2000 Jahren für alle Menschen gegangen war: Es sind die Lichtstraßen, die die Erde umfangen, die immer breiter werden und für einen jeglichen Menschen jetzt zur Verfügung stehen, um leicht mit seinem ganzen Körpersystem in eine höhere Dimension zu gelangen. Diese Lichtwege helfen, die alten Prägungen loszulassen und immer lichtvoller zu werden, um das zu sein, was wir wahrlich alle sind: große Lichtwesen, die mit einem Teil ihrer selbst hier auf der Erde weilen, um zu dienen.

Diese Weißen Ritter sind nicht immer da, wo viele sind. Das würde keinen Sinn machen. Wirf bitte kurz einen Blick auf die politische und wirtschaftliche Lage der gesamten Erde. Es sind kurze Lichtblitze, die ich dir jetzt schicke, du wirst genau die Orte und Länder sehen, die wichtige Zügel der Macht in der Hand halten. Ich zeige dir die Krisenherde und gebe dir die Möglichkeit, im Geiste die Verbindungen zu sehen. Es dauert einen Augenblick. Vielleicht machst du eine kurze Lesepause. Schaue dir genau an, welche Länder wirtschaftlich oder politisch miteinander vernetzt sind, vielleicht sogar auf Gedeih und Verderb einander ausgeliefert!

Interessant, nicht wahr? So sind die Vernetzungen hier auf dem Planeten. Ich darf mir erlauben, zu bemerken, dass da außerdem noch ein paar außerirdische Kontakte gepflegt werden, die nicht in Liebe sind. Sie versuchen, und das tun sie schon sehr lange, ihre Schäflein ins Trockene zu bringen. Das gehört seit langem zu diesem Spiel der

Dualität. Da nun, auf Anweisung des höchsten Schöpfers, für die Erde andere Pläne bestehen, ändern sich auch ihre Spielmöglichkeiten. Sie werden gestoppt, ihre Verträge funktionieren nicht mehr, weil sie entweder nicht mehr greifen oder aufgedeckt werden. Die Scham der Röte wird es so manchem Regierenden ins Gesicht treiben, wenn einige geschäftliche Praktiken mit Außerirdischen ans Licht kommen. Es gibt schon mehr als ein paar Hand voll Menschen, die sich damit auseinandersetzen und es publik machen. Wie es leider bei vielen dieser Veröffentlichungen ist, sind sie oft etwas zu ketzerisch aufgeblasen und verfehlen ihre Wirkung im Sinne von sachlicher Berichterstattung. So sind nun viele Verbandelungen der irdischen und fremden Geschäftspartner nicht mehr sehr wirkungsvoll.

Wenden wir uns den schönen, lichtvollen zukünftigen Tätigkeiten zu. Was wird geschehen hier auf dem Planeten? Das ist ja eine wichtige Frage. Wie werden sich die Politiker in Bezug auf Umweltfragen, ökologisch verantwortliche Haltungen, um alternative Energien für schadstofffreie Bewegungsmöglichkeiten und die Gewinnung gesunder Wärme für die Haushalte entscheiden? Viele Fragen. Die wollen wir später noch ein bisschen mehr beleuchten.

Lasst uns erst einmal einen großen Dank aussprechen an all die Weißen Ritter. Auch wenn ich vorhin von den besonderen Kindern sprach, die wir als Weiße Ritter titulieren, sei gewiss, es gibt auch welche, die ganz inkognito arbeiten, Menschen wie du und ich. Ich meine die Erwachten unter den Menschen, die viel bewirken können, indem sie ihr eigenes Leben verändern. Nun bist du vielleicht ein bisschen erstaunt, wenn ich sage: Du bist auch ein Weißer Ritter! Der Mensch denkt in alten Mustern, und du meinst wohl: „Ich soll ein Weißer Ritter sein? Ich tue doch nichts Besonderes. Ich bin einfach nur ich!" Ich weiß, geliebte Schwester, geliebter Bruder, ich weiß. Aber gerade das macht einen Weißen Ritter aus. Nicht alle können sichtbar und angestrahlt an öffentlichen Plätzen stehen, die meisten von euch sind eher unscheinbar und treffen wichtige Entscheidungen an unscheinbaren Plätzen. Du fasst vielleicht einen Entschluss im Kindergarten deines Sohnes. Dort sagst du entschieden „Nein", wenn es darum geht, die Verköstigung aus einer Großküche liefern zu lassen. Du gründest mit einigen Müttern eine eigene Küche. Wunderbar. Das ist ein großes Werk und setzt viel in Gang und beinhaltet viele kleine lebenswichtige Facetten, die zusammen ein Paket der allumfassenden Liebe ergeben und nach allen Richtungen ausstrahlen. Was gibt es Schöneres, als von liebenden Müttern ein Essen kredenzt zu bekommen? Welch ein gutes Beispiel für das Lichtnetz, das sich so weiter ausbreitet. Und dies wird Schule machen, ganz sicher.

Jeder von euch, die wir die Weißen Ritter nennen, ist ganz bewusst mit seiner geistigen Familie verbunden. Du wirst von ihnen inspiriert, was zu tun ist. Deine höheren Anteile, dein Höheres Selbst und dessen höhere Anteile, verschmelzen immer mehr mit dir, um die Lichtbahnen des Jesus noch zu verstärken. Um die Erde herum entsteht ein helles, funkelndes Gitternetz, das kein hohes Wesen dort spannte, um der Erde zu dienen. Es wird von Menschen gespannt und immer mehr verdichtet. Das ist das neue Kollektiv, das die großen Veränderungen auf Mutter Erde bewirkt. Wir sind die Helfer und blicken voller Stolz auf euch, ihr geliebten Weißen Ritter. Schaut voller Liebe und Vertrauen in die Zukunft, es wird die eure sein!

# Geld und andere Wertmittel

Was wäre, wenn es kein Geld gäbe? Das ist eine gute Frage, nicht wahr? Was wäre, wenn der Mensch für seine lebensnotwendigen Dinge kein Geld benötigen würde, sondern auf andere Art versorgt wäre? Ich glaube, heute wäre jeder Mensch froh, auch viele Geschäftsleute, wenn ihm das liebe Geld nicht so zu schaffen machte.

Gibt es nun vielleicht eine andere Möglichkeit, die Dinge des täglichen Bedarfs zu bekommen? Vielleicht durch Tausch einer anderen Sache oder einfach nur so, ohne dafür etwas zu tun oder zu bezahlen? Schauen wir uns dies einmal an: Der Mensch würde bei Bedarf einer Sache vielleicht irgendwo anrufen oder eine Mail senden und das Benötigte würde ihm dann gesandt oder gebracht. Einfach so, ohne Nachfrage, ohne Rechnung. Es würde so geschehen, weil für alle gesorgt ist. Es ist für jeden genug vorhanden. Es lagert ein oder wird auf Bestellung gefertigt, was immer es auch sei. Es wäre ausreichend für jeden Menschen auf der Erde da und niemand müsste dafür etwas tun oder geben. Der Welthandel ist ein Kollektiv besonderer Art. Jeder Mensch beteiligt sich auf seine Weise am Kollektiv und bekommt dafür kein Geld. Er tut es, weil er Freude daran hat, für andere und für sich etwas zu tun. Ihr würdet es heute ehrenamtliche Tätigkeit nennen. Dieser Mensch arbeitet auch nur ein paar Stunden am Tag oder in der Woche, je nach Lust und Laune oder eigenem Antrieb. Wenn er dies einmal nicht gerne macht, wird diesen Dienst ein anderer übernehmen. Dies geschieht ohne Stress und Probleme. Es geht, weil niemand dienende Arbeit als Belastung empfindet, sondern als eine Sache, die man gern ausübt für das Allgemeinwohl. Es sind auch nicht so viele Stunden, dass das eigene Leben darunter leidet. Ich meine das Leben, das ihr heute als Freizeit bezeichnet. Der Mensch wäre nur dafür hier, seiner Lieblingsbeschäftigung nachzugehen, sich weiter zu entwickeln durch Kunst, wie Malerei, Bildhauerei oder Musik. Er lernt vielleicht an den Kindern, die er liebevoll beobachtet und ihnen hilft, den wahren Wert des Lebens zu entdecken. Er pflegt die Kunst der Zelebration des Speisens. Er bereitet mit viel Liebe für sich und andere Gerichte mit Nahrungsmitteln zu, die immer frisch sind und für jedermann zugänglich. Man sucht einen extra dafür angelegten Garten auf oder geht in ein Lager und nimmt sich, was man braucht. Es ist immer genug da. Es macht Freude, sich mit diesem Gedanken zu beschäftigen, nicht wahr? Ja, das wäre doch eine herrliche Vorstellung, so sein Leben zu verbringen.

Keine Miete ist fällig für die Wohnung oder das Haus, das man bewohnt. Es wird einem zur Verfügung gestellt. Einfach so, ohne dafür etwas zu leisten. Der Staat freut sich, dem Menschen etwas Angenehmes zur Verfügung stellen zu können. Es wird in Liebe weitergereicht. Wenn man gern etwas verändern möchte, tut man es, einfach so. Aus Spaß, die Materialien dafür bekommt man geschenkt oder bestellt sie irgendwo, und die helfenden Hände ergeben sich, weil jeder gern dem anderen hilft und sich freut, gemeinsam etwas zu tun. Belohnt wird dies mit einem leckeren Essen oder einem gemütlichen Beisammensein. Und man kann sicher sein, dass bei eigenem Bedarf der andere Mensch auch zur Verfügung steht, um einem zu helfen. So entstehen, nebenbei bemerkt, phantasievolle Schöpfungen. Du fragst, wie man weiß, ob man das richtig baut oder werkelt? Es gibt freie Informationen von Architekten über Statik und über Grundlegendes der Baukunst, denn auch sie ist eine wahre Kunst, richtig verstanden. Ein Handwerker, der aus Lust, Interesse und Liebe gelernt hat, wie man tischlert oder mit Glas arbeitet, stellt sein Wissen und seine Hilfe gern direkt zur Verfügung oder gibt dies über Fernanweisung an den schöpferischen Menschen weiter. Einfach so.

Was sagst du dazu? Das sei Utopie? Nein, das ist wahre Zukunftsmusik. Auf anderen Planeten ist dies gang und gäbe. Es wird gern mit allen und jedem zusammengearbeitet, wenn es sich ergibt. Und keiner wird geächtet, wenn er einmal keine Lust hast, dem anderen zu helfen. Er wird sicher jemanden anderen wissen, der Zeit und Lust hat zu helfen. Es ist alles locker und entspannt. Und man zahlt nichts dafür, wenn man etwas bekommt. Es ist da, einfach so.

Eine weitere Variante des Entlohnens wäre, und das steht sicher bald vor der Tür hier auf dieser Erde, allerdings in jedem Lande auf seine eigene Weise, dass man einen regen Tauschhandel betreibt. Zu früheren Zeiten war das sehr beliebt und die Vorstufe des heutigen Geldes. Und das geht so: Du hast etwas, das du gern weitergeben möchtest, weil du viel davon hast, und stellst es zur Verfügung für andere und bekommst als Gegenleistung etwas, was sie anbieten. Zum Beispiel: Tausche Haarschneiden gegen Einkaufshilfe. Biete mittäglichen Kinderessensdienst gegen Kinokarten. Biete Fahrradreparatur gegen Tangotanzstunde und so weiter. Gruppen mancher Menschen tun dies schon in städtischen Bezirken durch Aushänge beim Supermarkt oder private Minizeitungen oder Onlineshops. Der Handel blüht, und so manche nette Freundschaft ist dadurch zustande gekommen. Es bietet sich wahrlich an in dieser Umbruchszeit, über weitere ähnliche Tauschmöglichkeiten zu diskutieren. Weiterführbar ist dies durch kleinere Wohngemeinschaften, die sich gegenseitig helfen, bis hin zu einer kleinen autarken Wohngemeinschaft in ländlichen Gebieten oder Minigemeinden in einer Stadt. Ein großer Trend ist zu vermerken, dass immer mehr Menschen gern raus aus der Stadt wollen, um auf dem Lande gesünder und auch naturorientierter zu leben. Mit der Natur das Leben neu genießen, könnte das Motto sein.

Wer diesen Schritt wagt, braucht kontaktfreudige Nachbarn, die helfen, in kleinen Nöten gemeinsame Lösungen zu finden. Man teilt sich einen Acker für die Kartoffeln, man hilft sich, gemeinsam die Ernte einzubringen und zu lagern. Kleine Tauschgeschäfte entstehen so ganz von allein. Der Trend wird außerdem sein, dass bewusster gelebt wird bezüglich dem, was man wirklich braucht. Die Lust an der Einfachheit wird kommen. Der Apfel in der Hand, ihn zu riechen, ihn langsam zu verspeisen voller Andacht für dieses göttliche Geschenk, das könnte der Genuss der Zukunft sein. Der Leitsatz, den ich sehr schätze, heißt: „Wieder mit Genuss leben." Das kann auf alles ausgeweitet werden. Du weißt sicher, was ich damit andeuten will.

Der Mensch wurde in den letzten Jahrhunderten ganz gezielt auf Abhängigkeit hin erzogen, ja, man könnte fast sagen, abgerichtet. Es wurde ihm beigebracht, aus dem Verstand zu leben und auf Abgesichertheit ausgerichtet zu sein. Wofür und womit willst du dich absichern? Du hast alles, was du brauchst, in deiner Nähe. Es ist für dich da, du musst nur zugreifen. Deine höhere Instanz wird dich dort hinlenken. Du musst lediglich vertrauen. Vertrauen ist der Schlüssel für die Neue Erde. Wenn du das verstanden hast, kannst du dich wahrlich entspannt zurücklehnen, dann hast du gut lachen, weil du dir deiner sicher bist. Du ruhst in dir und weißt, alles Äußerliche ist Schein und verwandelbar.

Zurück zu dem Geldsystem oder anderen Wertmitteln. Was hältst du von dem Gedanken, dein eigenes Leben einmal hinsichtlich der täglichen Versorgung völlig neu zu betrachten? Es ist eine sehr abenteuerliche Zeit, und rechne damit, dass das Sicherheitsdenken der Menschen auf eine harte Probe gestellt wird. Es könnte sein, dass plötzlich der Strom ausfällt, irgendwo und irgendwann. Ich möchte keine Panik hervorrufen, lediglich eine Möglichkeit aufzeigen. Was wäre dann, wie gehst du damit um? Sagst du: „Kein Problem, wir werden auch so zurechtkommen. Früher konnten die Menschen das doch auch." Wunderbar, dann kann dir nichts geschehen. Oder denkst du voller Schrecken an deinen Computer, an deinen Tiefkühlschrank oder das Wasser oder die Heizung, denn alles wird heute mit Strom versorgt beziehungsweise in Gang gebracht und weitergeleitet? Dann hast du kein Vertrauen. Gut ist, immer ein paar Flaschen Wasser, ein paar Kerzen, Streichhölzer und eine gute Flasche Wein im Hause zu haben. Und einen Platz für einen irritierten Nachbarn, der nicht gelassen ist, deine Ruhe schätzt und ein Glas Wein dankend annimmt, um dabei mit dir in aller Ruhe die Lage zu diskutieren. Es macht keinen Sinn, sich darüber groß Gedanken zu machen oder riesige Vorräte anzuhäufen. Etwas für eine kurze Zeit ist angemessen, alles weitere ergibt sich. Mach dir keine Gedanken, sondern sei sicher, wir, die Aufgestiegenen Meister, deine höheren lichtvollen Anteile und die lieben außerirdischen Helfer werden da

95

und behilflich sein. Wichtig ist, dass du dein Vertrauen festigst und weißt: „Für mich ist gesorgt." Wenn du so voller Vertrauen bist, sind es deine Lieben um dich herum auch. Du strahlst es aus.

Ob eine neue Währung auf die Erde kommen wird? Ich gehe davon aus, dass es bald geschieht. Allerdings ist das sicher nur eine Übergangslösung. Eine totale Entschuldung ist das erste, was geschehen muss. Völlig andere Grundvoraussetzungen müssen geschaffen werden, um ein stabiles, gerechtes Geldsystem zu schaffen, wenn dann, wenn das Bewusstsein der Erde sich stark verändert hat, überhaupt noch eines gebraucht wird. Was müssen die Menschen sich noch streiten und warum, wenn für alle gesorgt ist? Das beinhaltet natürlich, dass die Menschen, die heute noch das meiste Geld im Säckl haben und die Wirtschaft fest im Griff halten, loslassen und abgeben. Dann ist für alle Menschen genug da, und das beinhaltet die Verschmelzung der Dualität. Jeder Mensch ist dann eins mit sich, weil sich die männliche und die weibliche Seite in jedem Menschen auch vereint. Dualität ist Männlichkeit und Weiblichkeit in Trennung. Wenn die Verschmelzung geschieht, hat sich jeder lieb, achtet sich selbst so sehr, dass er jeden anderen auch achtet und möchte, dass es allen gut geht. Dann fängt er bei sich selbst an, loszulassen, weil er weise erkannt hat, dass ein jeder beginnen muss, gemeinschaftlich zu denken. Das alles ist ein Wechselspiel, durch das eine entwickelt sich das andere. Sei gelassen, es geschieht ansatzweise bereits. Dann ist das Geld nicht mehr nötig, verstehst du? Wir sehen dies als Ziel für die Menschheit, weil in den höheren Dimensionen dieses Einzeldenken nicht mehr möglich ist, dort weißt du, wir sind alle eins. Und bis die Menschheit soweit ist, können Tauschhandel und eine neuartige Einheitswährung eine Interimslösung sein. All das ist schon eingeleitet. Habt keine Angst, wenn auf dem letzten Wirtschaftsgipfel von einer Weltregierung die Rede war. Könnte es möglich sein, dass über ein Drittel der Teilnehmer ihr Herz schon so weit geöffnet hatte, dass sie ganzheitlich in Liebe denken können? Seid fröhlich gespannt auf die nächsten zwei Jahre. Ich kann euch versichern, wir Aufgestiegenen Meister und ihr haben viel zu tun. Packen wir's an!

Ich möchte mir noch einen Hinweis bezüglich der jetzigen Einstellung zur Nahrung und Ernährung erlauben. Was und wie essen die Menschen heute? Wenn ich in die Runde schaue, sehe ich, dass das Wissen über die Struktur und die Beschaffenheit von Lebensmitteln ziemlich verlorengegangen ist. Die Menschen hetzen durch ihren Alltag, ohne zu wissen, wann sie essen sollen und was. Es wird sich keine Zeit genommen zu speisen, es wird gegessen ohne Genuss. Es fehlt der Aspekt der Achtung gegenüber der Natur. Die meisten Nahrungsmittel sind genmanipuliert und verseucht mit Zusatzstoffen und Pestiziden. Ob die Menschen wissen, dass die Liebe durch den Magen geht, wenn sie es zulassen? Ich meine die eigene Liebe. Wer sich

Zeit nimmt für sich und die Mahlzeit und sie in Liebe zubereitet, kann sogar nicht so nahrhaftes oder reines Essen in der Schwingung erhöhen. Wer kein Geld hat, in Bioläden zu kaufen, kann auch einfache Lebensmittel in der Schwingung anheben durch die Aufmerksamkeit, die schon beim Einkauf beginnt. Wer dann noch die Lebensmittel in Liebe und mit Achtung zubereitet, wird Hochwertiges in sich aufnehmen. Es ist alles eine Frage der Absicht. Keiner kann behaupten, für gute Ernährung nicht ausreichend Geld zu haben. Schade ist, dass sich so wenige Menschen wirklich mit der Nahrungskette und ihrer Erhaltung beschäftigen. Es wird einfach nur konsumiert, die Liebe und der Genuss fehlen.

Der Trend zurück zum natürlichen Leben, das sei zu eurer Ehre gesagt, ist nicht zu übersehen und wird sich durchsetzen. Es geht um die Bewusstwerdung des eigenen Lebens, das der anderen und das der Tier- und Pflanzenwelt, die euch ihr Leben schenken, damit ihr leben könnt. Achtet sie und dankt ihnen, sie werden es euch danken, indem sie gern zu euch kommen und euch in vielen Formen dienen. Ihr werdet sie mit dieser Einstellung besser verdauen, und das wiederum wird euch euer Körper danken. Eigentlich ist es so einfach. Die Menschen haben heute ein großes Informationssystem. Nichts bleibt geheim, alles ist offen. Keiner kann sagen: „Ich hab's nicht besser gewusst." Das Argument, es sei zu wenig Geld zur Verfügung, ist auch nicht ganz stimmig. Es wird zu den teuren,

98

falschen und künstlich erzeugten Lebensmitteln gegriffen. Frisches Gemüse beim Erzeuger oder auf Märkten zu kaufen, ist vielleicht etwas mühsamer, aber preiswerter und frischer als in einem Supermarkt. Mögen die Menschen doch bitte nicht denken, ich würde sie nicht verstehen. Ich sehe euch wohl, ich kenne eure Sorgen, ich sehe allerdings auch eure Scheuklappen. Dies ist die Zeit der Eigenverantwortlichkeit. Jeder Mensch kann das tun, was er möchte. Das ist das Ziel der Freiheit, die ich meine. Manche Dinge, die nach Freiheit aussehen, sind Mogelpackungen. Freiheit ist offen und braucht kein Versteck.

Jetzt freue ich mich, wenn diese Worte einen starken Widerhall in dir bewirken und ein Lächeln auf dein Gesicht zaubern, was sagen will: „Gut, Saint Germain, packen wir es wirklich an, werden wir frei!"

# Gold und Edelsteine, Energieträger der alten Welt, Lichtgeometrie, die der neuen

Du liebst goldenen Schmuck, du schätzt es, goldene Ringe und Ketten anzulegen, um dich damit zu schmücken? Wie das Wort Schmuck schon sagt, geht es vornehmlich bei dieser Zier um das Schmücken. Gold und Edelsteine schmücken den Menschen, sie lassen ihn besonders wirken. Man sagt, Kleider machen Leute, Schmuck ebenso. Das erweitern wir gern einmal und bezeichnen den Schmuck als die Zier des Meisters der hohen Kunst der Verwandlung.

Gold hat in der Urform eine besondere Wirkung: Es gibt dem göttlichen Licht die Möglichkeit, besser in die irdische Materie zu kommen. Gold ist ein außergewöhnlicher Leiter der göttlichen Kraft. Das wussten schon die alten Griechen. Platon hat eine größere Abhandlung darüber geschrieben. Cleopatra hat sich dieses Wissens zu persönlichen und Machtzwecken bedient. Gold ist gar ein himmlisches Produkt und Werkzeug. Noch weiter veredelt wird es, wenn es mit Edelsteinen verarbeitet ist. Wahre göttliche Urkraft können diese materiellen Schöpfungen im Menschen aktivieren und weiterleiten.

Urvölker, die von weither kamen, um die Erde zu besamen, haben das Gold nicht für körperliche Zier und persönliche Ideen verwendet, sondern auch als Baumaterial eingesetzt oder als Mittler zwischen Gesteinen und anderen Materialen, wie ein Leiter, ein Verbindungselement, immer in dem Wissen, dass es göttliche Kraft aktiviert und verstärkt. Das Ankhzeichen im Ägyptischen bedeutet *das Leben* und war aus Gold gefertigt, eines der höchsten Symbole dieser Zeit, und beinhaltete damit auch die höhere Sichtweise, dass alles Leben mit GOTT verbunden ist. Wenn es dich interessiert, beschäftige dich mit dem Gold als Kraftquell göttlicher Urkraft und erkenne einige Zusammenhänge, die das Leben hier auf der Erde seit langem prägen. Ich leite dich im Geiste gern bei deiner Erkenntnistour und gebe dir ein paar Wortschätze als Denkanstöße: Grabkammern, Hyroglyphen, Goldminen, Goldadern, Goldschatz von Fort Knox, Goldpreise, Eheringe, Goldzähne und vieles mehr. Unzählige Geschichten und Märchen ranken sich um die Kraft des Goldes. Es macht Spaß, sich mit dem Element Gold zu beschäftigen. Alchemistisch gesehen ist Gold immer ein Objekt der Neugierigen aller Zeiten gewesen. Man sagte, ich könne Blei in Gold verwandeln, und ich hatte in meiner Zeit als Graf Saint Germain deshalb oft einen Rattenschwanz von Suchenden in meinem Gefolge. Wie der Rattenfänger von Hameln fühlte ich mich manchmal. Sie wären mir überall hin gefolgt, hätte ich ihnen das Geheimnis der Wandlung der Materialien verraten. Eigentlich ging es in meiner Mission darum, den Menschen zu vermitteln, sich selbst in einen göttlichen Menschen zu verwandeln. Das ist auch heute noch mein Hauptanliegen, indem ich viele begleite, wie euch jetzt, um zu zeigen, wie es ist, sich in das göttliche Licht zu integrieren. Der Kern eines jeden Menschen ist GOTT, unverkennbar, aber die Schlacken verhindern, diesen göttlichen Schatz zu entdecken. So sind wir alle göttliche Schatzsucher.

Werfen wir noch einmal einen Blick auf das goldene Geschmeide und die Edelsteine: Das, was heute in den Geschäften angeboten wird, ist größtenteils kein gut verarbeitetes Gold. Der Anteil an reinem Gold ist sehr gering. Es wurde mit anderen Metallen und neuzeitlich sogar mit künstlichen Streckmitteln verunedelt. Es hat seinen ursprünglichen Dienst gemindert. Wenn du Goldschmuckstücke im Hause hast, nimm sie gern unter diesen Aspekten zur Hand. Nein, du sollst nicht nach dem Goldstempel schauen, sondern Kontakt zu dem Gold aufnehmen. Gehe ins Gefühl und fühle das Bewusstsein Gold. Wenn du dir Zeit nimmst, wirst du Kontakt bekommen und kannst dich einstimmen und vielleicht sogar eine Botschaft hören oder fühlen. Wenn du dir oder deinem Partner zu einem außergewöhnlichen Anlass ein Schmuckstück schenken möchtest, halte Ausschau nach einem Goldschmied, der diese hohe Kunst vom Herzen her versteht, und kreiere mit ihm gemeinsam das Schmuckstück. Wenn du ihm das Gefühl vermittelst, dass du ihn ehrst, wird er dir Einblick in seine Kunst geben und dir wahrlich ein pracht- und wirkungsvolles Stück fertigen. Ich werde mir dann erlauben, es noch aufzuwerten, indem ich es für dich auflade, wenn es dein Wunsch ist.

Jetzt führe ich dias ad absurdum. Erlaube mir, das eben Gesagte als wahr, aber nicht mehr so wichtig zu bezeichnen. Das ist wie mit den Kraftplätzen auf der Erde: Sie sind wunderbar, aber um in Kontakt mit der eigenen Göttlichkeit zu kommen, braucht man keine Kraftplätze und kein Gold mehr. Der Weg, das *eine* Juwel in einem selbst zu finden, ist freigelegt. Jeder Mensch kann sich nun selbst ein Bild und ein Gefühl von der eigenen göttlichen Kraft machen, indem er mit sich selbst experimentiert. Wenn man trotzdem Gold und Kraftplätze liebt, ist das in Ordnung, es kann Freude bereiten, damit zu experimentieren. Wenn du beispielsweise einen Kraftplatz besuchen möchtest, schließe einfach die Augen und lass dich zum Zentrum führen, du wirst es sofort finden, wenn du dich vom Gefühl leiten lässt. Vielleicht kannst du diesem Kraftplatz ein bisschen helfen und er braucht deine Verbindung zur Quelle, er diente schon so lange und freut sich über Kraftzuwachs. Das mag dir unwahrscheinlich erscheinen, aber das ist wahre Zukunftsmusik.

Wer von den Menschen die Kraft der Kristalle schätzt, dem sei gesagt, dass die Kristalle ihren Dienst innerhalb der nächsten Jahre aufgeben werden. Die Energien, ich könnte sie auch Kristalldevas nennen, gehen zurück in ihre Heimat. Ihr Dienst ist beendet, und sie müssen diese Energien zum Wohle der Erde nicht mehr halten. Du wirst dies bemerken, wenn du feststellst, dass dein Kristall nicht mehr so kraftvoll ist als zu der Zeit, als er in dein Leben trat. Das liegt auch daran, dass du höher schwingst. Du hast dich früher von ihm genährt, jetzt nährt er sich vielleicht von dir. Interessant, nicht wahr?

Worauf das alles hinausläuft, ist, dass die Halter der Energien der verschiedenen Elemente, die alle eine Aufgabe für die Erde und die Menschen hatten, ihren Dienst beenden, weil es nicht mehr notwendig ist. Äußerlich und politisch betrachtet wirst du erkennen, dass das Goldpaket in Amerika in Fort Knox seine Bedeutung auch verliert. Es reicht schon lange nicht mehr zur Deckung des umlaufenden Geldes, seine Funktion ist eigentlich schon erloschen. Da wurde kräftig manipuliert. So wie die Weltbank auch eine Mogelpackung ist, denn sie ist eine Privatbank. Fürchtet euch nicht, die wahren Mächtigen dieser Erde sind auf solche Schwindeleien nicht angewiesen. Sie werden aus der Ebene der Göttlichkeit regieren und handeln und brauchen keine Golddeckung.

Jetzt bist du vielleicht etwas enttäuscht, dass dein Schmuck, deine Edelsteine und deine großen Kristalle, die du so liebst, keine Wirkung mehr haben werden. Das ist nicht richtig. Sie werden ihre Aufgabe, die sie übernahmen, beenden, weil sie nicht mehr notwendig ist, denn die

Energie der Erde wird bald von den menschlichen Lichtträgern gehalten. Das Gold, die Edelsteine und die Kristalle freuen sich nun, wenn du sie selbst für deine eigenen Bedürfnisse und anderer neu programmierst. Ich rate dir, zu allen Steinen und Schmuckstücken in Kontakt zu treten und sie mit deiner Herzensenergie zu tränken. Halte sie an dein Herz, atme tief ein und lade sie auf, du nährst sie mit dem göttlichen Urquell. Wenn du dir selbst noch nicht so recht traust, bitte dein Höheres Selbst, dies zu tun. Dann beobachte aus der Gefühlsebene die Schwingung der Steine und des Goldes. Die wirst bemerken, ihre eigentliche Grundstruktur ist überlagert, genauer gesagt, durchzogen und verzaubert durch deine eigene göttliche Kraft. Ihr seid wahrlich ein gutes Team und hervorragende Alchimisten.

Wenn wir dies tiefer beleuchten, so strahlt dann durch deinen Schmuck, durch deinen Kristall, den du vielleicht auch für andere Menschen einsetzt, die Energie deiner göttlichen Familie. Vielleicht gehörst du zu den Heerscharen von Erzengel Michael, dann wirkt durch diese Stücke die Kraft des blauen Strahles. Wenn wir gemeinsam den Schmuck aufladen, dann wirkt durch ihn die violette Flamme in ihren vielen Facetten. Die Eigenschaften der göttlichen Strahlen werden sich dir alle offenbaren, später wirst du mit ihnen allen in Kontakt sein. Du hast jetzt die Möglichkeit, deine eigenen Werkzeuge für die nächsten Jahre zu fertigen. Willkommen im Kreise der Alchimisten, du geehrter Veredler!

Gold ist ein königliches Metall und von einem guten Schmied und Kunsthandwerker gehegt und bearbeitet wahrlich eine gute Chance, ein wirkungsvolles Schmuckstück zu zaubern, das der äußerlichen sowie der innerlichen Veredelung dient. Auch andere Materialien können so bearbeitet werden. Da ist der Phantasie keine Grenzen gesetzt.

Wenn wir nun feststellen, dass sich die Wirkungsweise der dienenden Bewusstseinseinheiten dem Ende nähert, heißt das auch, dass die Menschen eigenverantwortlich mit sich und dem Planeten umgehen sollen. Anstelle dessen rückt nun, exakt ausgedrückt, die göttliche Geometrie mehr ins Rampenlicht. Das sind die Werkzeuge, mit denen alles erschaffen wurde. Dieses Sonnensystem arbeitet mit einem bestimmten Code, mit dem Zwölfersystem und mit dem geometrischen Schöpfungsmodul Dreieck. Die Menschen haben für ihre Berechnungen aller Art ein Neunersystem erschaffen. Das wird sich nicht ändern, aber es wird sich mit dem höher greifenden Zwölfersystem verbinden, das ist die interdimensionale Schöpfungshandschrift, der Code der Schöpfung für dieses Sonnensystem. Hohe Wesen der Schöpferkunst arbeiten damit und möchten es den Menschen näherbringen. Wenn wir das Dreieck betrachten, so ist es das göttliche Symbol für die Dreifaltigkeit. Die Kraft, die in einem Dreieck ist, beinhaltet die komplette Schöpfertrinität. Wer sich mit der Form beschäftigt, wird dieses Symbol in vielen Dingen wiederentdecken.

106

Kombiniert mit dem Zwölfersystem, ist alles erschaffen, was dieses Sonnensystem beinhaltet.

Die alten Pyramiden von Gizeh und andere, einige von ihnen sind unentdeckt, halten gewisse Energiestrukturen für den dreidimensionalen Standpunkt der Erde. Da sich dieses verändert, ist auch ihre Funktion bald nicht mehr notwendig. Die Belegung der Pyramiden, die Verbindungen zu Strukturen im Sternbild Orion werden sich auflösen. Wir öffnen uns nun dem freien Zugang zu den göttlichen Schöpferstrukturen und sind aufgerufen, selbst mit diesen geometrischen Formeln zu experimentieren und die Kraft dieser Werkzeuge selbst zu erproben. Beginnen wir am besten mit unseren eigenen Strukturen. Woraus bestehen wir, wie sind wir entstanden? Welche Formen des Seins wohnen in unseren Körpern? Ich lade dich ein, in deinem Herzen zu beginnen und von da aus dein Sein zu erforschen. Wenn du jetzt fragst: „Aber wie soll ich dies tun?" antworte ich dir, du bist in meinem Schutz und hast meine Unterstützung. Reise imaginär in dein Herz und mache eine Abenteuerreise, ich werde dich begleiten, und gemeinsam werden wir, das wird Monate dauern - doch was ist schon Zeit?- dein Sein erobern. Ich zeige dir, wer du wirklich bist. Vertraue mir!

Ich weise dich in die Lichtsprache ein. Nein, du musst kein neues Alphabet lernen. Einige Menschen verbreiten Symbole und Zeichen und vermitteln, das sei die Lichtsprache. Das ist nicht richtig. Die Lichtsprache braucht

107

keine Symbole, sie wirkt durch göttliche interdimensionale Schwingungen, die nicht in menschlich erfahrbare Formen oder Zeichen umgesetzt werden können. Da denken die Menschen sehr menschlich und versuchen, irdisch zu kombinieren. Wie kommt nun diese Lichtsprache zu dir? Du brauchst dir keine Sorgen zu machen, etwas zu verpassen. Vielleicht hast du schon bemerkt, dass alles im richtigen Moment zu dir kommt. Wir raten gern, sich entspannt zurückzulehnen und sich den geistigen Inspirationen zu öffnen. Wenn du in meinem Schutze und meiner Präsenz reist, wirst du immer zur passenden Zeit am richtigen Ort sein, alle wichtigen Informationen oder neues Wissen werden passend in dein Feld gespeist oder aus deiner DNS aktiviert. Ein Satz, der schon oft gesagt wurde, ist wirklich wahr: Wir älteren Brüder und Schwestern sehen dich ganzheitlich und leiten alles zu dir, was zu dir kommen soll, und das im richtigen Moment. Vertraue mir, ich werde dich nicht enttäuschen.

# Die Wissenschaften und ihre neuen Pfade

Was ist Wissenschaft? Woher kommt das Wissen des Menschen? Das ist eine gute Frage, nicht wahr? Wer gibt den Menschen das Wissen über all die Kenntnisse der physikalischen, biologischen und chemischen, astronomischen und astrologischen Einteilungen der Naturgesetze? Ganz einfach: GOTT tut es. Wenn ich Gott meine, spreche ich von seinen ausgesandten Helfern, seinen Anteilen, den Wesen, die mit ihrem Bewusstsein das Feld der Erde halten und den darin enthaltenen Spielplan für die Menschen. Es ist das morphogenetische Feld, das alle Erfindungen und Erkenntnisse freigibt. Denn, sei ganz sicher, alles Wissen wird nicht erforscht und zufällig erhascht, sondern es wird gegeben aus dem großen Fundus des göttlichen Wissens. Es ist schon da, und der Mensch bekommt es. Einfach so? Es wird der Entwicklung des Menschen entsprechend gegeben. Das gilt für das allgemeine Wissen. Das Wissen ist schon gedacht, und dann in den großen Pool oder die Akasha-Chronik eingegeben worden. Da vieles Wissen schon in anderen Erdepochen bekannt war und mit ihm gearbeitet wurde, ist es jetzt lediglich eingekapselt. Wir sprachen von der Veränderung der Voraussetzungen des

Lebens, auch in den vielen Zeitepochen. Immer wenn das Spielfeld, sagen wir mal, überzulaufen drohte und die Welt mit dem hohen Wissen der Schöpferenergie nicht umgehen konnte, wurden die Voraussetzungen des Lebens hier auf der Erde verändert, unter anderem durch die Neuausrichtung des Magnetfeldes.

Die letzten gut 50.000 Jahre war es eher eine, menschlich betrachtet, oberflächlich lebende Erdbevölkerung. Sie beschäftigte sich meist mit den grundlegenden irdischen Lebensvoraussetzungen, sie lebte für ihre Grundbedürfnisse, und weiterführende Erkenntnisse waren nur bestimmten Gruppen von Menschen, den Priestern und Wissensdurstigen, vorbehalten. Es war das Geheimwissen, das in tiefen Kellern und Hinterkammern gehütet, partiell offenbart und vereinzelt auch von Mund zu Mund weitergegeben wurde.

Das Wissen ist jederzeit immer da, nur in den unterschiedlichen Epochen dieser Erde war es mal leichter für jedermann zugänglich oder schwer und nur für besondere Menschen. Das bedeutete auch, dass sich der Mensch zeitweilig an stille Orte begeben musste, wo er dann in meditativen Zuständen Verbindung mit dem größeren Feld der Einheit oder mit seinen höheren Anteilen hatte, um das zu erforschen, was ihn interessierte. So wurde auch Wissen an ihn weitergegeben. Viele von den Interessierten aller Zeiten haben *das* getan, was diese geehrte Dame, die meine Botschaften niederschreibt, in diesem Moment tut:

110

Sie channelten, wie es neudeutsch heißt, sie bekamen ihr Wissen von höheren Wesen in ihren höheren Verstand eingegeben, der es dann an den niederen weitergab. Dann sagte man, es war etwas erkannt oder erfunden. So entstanden und entstehen die fulminanten Erfindungen. Das war nicht der Mensch selbst, der das entdeckte, sondern der Geist, der es ihm flüsterte. So sind die Lehrbücher, die ein Menschen lesen kann, von Lehrinstituten oder Büchereien, je nach Interessensgebiet, das der Dürstende einschlägt, lediglich zusammengetragene Dinge von anderen Menschen oder gechannelte Informationen aus dem göttlichen Netz. Genau genommen hat ein gechanneltes Wissen auf dem anderen aufgebaut, es hat sich erweitert. Das ganze Wissen wurde oft verbrämt mit persönlichen Schlussfolgerungen der Menschen, die auch dem Ego entstammten oder subinternen Falschkombinationen von Strömungen, die nicht im Lichte standen. So entstand das, was heute in den Regalen steht und im Massenbewusstsein gehalten wird. Auch das Wissen, das die Allgemeinheit der Menschen nicht versteht, nur die Wissenschaftler, ist ein Teil des morphogenetischen Feldes.

Jetzt wird es spannend: Wie kommen nun die neuen Erkenntnisse zu den Menschen, die so wichtig sind für die neue Erde? Alles Wissen ist ja bekanntlich vorhanden. Es gibt nichts, was noch nicht dagewesen ist. Die alten Sumerer kannten die göttlichen Gesetze genauso wie die Hyperboräer oder die Atlanter. Es muss lediglich das morphogenetische

Feld verändert werden. Die hohen Wesenheiten, die Erde und Menschen mit ihrem Bewusstsein halten, müssen die Tore öffnen. Das geschieht bereits seit einigen Jahren. Eigentlich ist alles da, alles kann abgerufen werden. Zugegeben, ein bisschen halten wir noch die Hand darüber, damit die weiteren Erkenntnisse der Erforschung der Atomkraft, die Erkenntnisse der geometrischen und damit kosmisch verbundenen Kräfte sowie der Grundstein dieses Sonnensystems nur zu Menschen gelangen, die damit gut umgehen können. Da Negatives nicht ganz verhindert werden kann, greifen wir, die Aufgestiegenen Meister, in manche der Experimente ein, in Zusammenarbeit mit den außerirdischen Kommandos, die Zugang zu allen äußeren Ringen der Erde, die wichtig für den Erhalt der Erde sind, für diesen besonderen Status, der jetzt in Veränderung begriffen ist, haben. Dort werden größere Unebenheiten ausgeglichen, die eine verheerende Wirkung auf die Erde hätten, würden sie nicht gestoppt.

Wir betonen es immer wieder, weil es so wichtig ist: Die Erde und ihre Bewohner leben nach wie vor im freien Willen. Jeder kann für sich entscheiden, was er möchte, die Möglichkeiten haben sich lediglich verändert und sind außergewöhnlich groß. Das Feld der Informationen und Möglichkeiten ist riesengroß und bietet die Chance, sich sogar über den Plan der Erde hinaus aus diesem Feld in den großen multidimensionalen göttlichen Teppich einzuweben. So ist der Weg aus der besonderen dualistischen

Schule zu verstehen. Das ist der Weg in die Freiheit. Das beinhaltet natürlich auch, dass noch mehr Wissen, das noch nie im Pool der Erde gewesen ist, neu erforscht werden kann. Der Weg in die Unendlichkeit ist frei.

Jeder Weg des einzelnen Menschen ist individuell, unabhängig von seinem Nachbarn oder seinem Partner. Wir sind mit vielen Menschen vereint, unterstützen sie und senden Inspirationen, damit die nächstliegende Chance des Erkennens ergriffen wird. Sollte diese vorüberziehen, wird die nächste Gelegenheit kommen, und wir intervenieren so lange, bis wir spüren, es macht Sinn, noch mehr Informationen und sogenannte Zufälle anzureichen, die weitere Schritte auf dem Pfad der Freiheit aufzeigen. So wird das Feld der Freiheit immer weiter, und viele Menschen haben die Möglichkeit, sich in dieses hochschwingende Feld einzuschwenken.

Doch zurück zu den Wissenschaften. Erst seit Mitte des neunzehnten Jahrhunderts gibt es eine Trennung zwischen der Wissenschaft und der spirituellen Suche des Menschen. Früher waren die Suche nach GOTT und die Forschung nach dem Funktionieren allen Lebens eins. Das wurde durch einen Streites zwischen Kirche und Staat in England voneinander getrennt. Eine bekannte, sehr intellektuell ausgerichtete Königin machte einen Schnitt zwischen den zwei suchenden Richtungen. Nachvollziehbar, weil ein Punkt der Zerstrittenheit erreicht war, bei dem es um Beweise ging, die mit der menschlichen Logik nicht zu erklären waren. Göttliche Erkenntnisse lassen sich nicht beweisen. Dieses Zerwürfnis war fatal, denn so manche Erkenntnisse und wissenschaftliche Folgerungen, die höher geistig logisch erschienen, aber nicht beweisbar für das äußere Auge waren, wanderten in den Papierkorb oder in den Safe. Wie gut, dass einiges in den Safe kam, dort fand dann ein anderer neugieriger Wissenschaftler erneut die Chance, weiterzuforschen. So entstand auch die Relativitätstheorie, die schon einmal in den Händen eines anderen lag, dann aber wieder verworfen wurde. Denn, sieh genau hin, was steht letztlich hinter der Relativitätstheorie: göttliche Zusammenhänge! Albert Einstein haben diese Zusammenhänge Zeit seines Lebens intensiv beschäftigt, und er hatte, wenn auch nicht öffentlich bekannt, eine hohe göttliche Anbindung.

Die so wichtigen Erfindungen für die Neue Erde sind schon sehr nahe. Einige Erfindungen bezüglich der Energieversorgung sind bereits da und liegen seit Nicola Teslas Zeiten etwas verschleiert in den Händen der Menschen oder in Tresoren. Viel Leid haben diese Erfindungen mit sich gebracht, weil die Erkenntnisse des Menschen noch nicht soweit waren, das niedere Denken der Allgemeinheit noch mit sehr trivialen Dingen beschäftigt und die Herzen noch verschlossen waren. Viele Erfindungen sind seit circa hundert Jahren fast allgegenwärtig, nur entweder unerkannt, nicht umgesetzt oder teilweise umgesetzt und nicht für die Allgemeinheit nutzbar gemacht, weil wirtschaftliche und andere Interessen überwiegen. Ich möchte in diesem Zusammenhang auf benzinfreie Autos, Heizung mit Erdwärme oder Energie aus dem pflanzlichen Leben hinweisen. Aus der Kraft der Erde lässt sich alles ziehen, ohne etwas abzubauen. Aus den geometrischen Kräften des Dreieckes lassen sich wunderbare Energiefelder herstellen, die viele Haushalte speisen könnten. Die Kraft des Wachstums der Pflanzen steht jedem zur Verfügung, der sich mit diesem göttlichen Stromnetz etwas näher befasst. Auf die Sonnenenergie würde ich nicht so lange zählen, weil sich eine Umstrukturierung ergibt, wissenschaftlich gesehen, verändert sich die Art der Sonneneinwirkung und ihre Beschaffenheit. Das wird noch etwa zwanzig Jahre möglich sein, dann wird erkannt, dass es nicht das richtige Energiesystem ist. Die Kraft des Magnetismus und die Kombination mit der Nullfeldenergie haben auch uneingeschränkte Potenziale. Die Kraft des Wassers ist noch nicht im Entferntesten genutzt. Nur circa drei Prozent der notwendigen Energie auf der Erde wird von der Wasserkraft gespeist. Das ist sehr schade. Ihr seht, überall sind die Türen offen für diese göttliche Kraft, die allen zur Verfügung stehen könnte, wenn die wirtschaftliche Nutzung zum Wohle aller geschähe und nicht in den Händen von einigen Staaten oder Regierungen oder Interessensgemeinschaften läge. Manches gerät ins Stocken, weil die noch Regierenden es verhindern. So mancher Pionier in Sachen Neuer Energie stößt auf verschlossene Türen bei der Finanzierung und

Umsetzung. Wir trösten diese Menschen und helfen ihnen, noch ein bisschen durchzuhalten. Die Zeit ist fast reif, dass die Barrieren zusammenbrechen und die Ressourcen der Erde für eine freie Nutzung zur Verfügung stehen. Schaut euch eure Autos an. Macht es noch Sinn, sich so fortzubewegen? Schaut einmal kurz von oben aus eure Stadt an, seht die vielen Autos und ihre Abgase und die Verschandelungen der Städte durch die vielen Strassen, die Tankstellen, die Lastwagen, die Öl transportieren. Es sei noch bemerkt: Seit einigen Jahren sind Windräder die Superidee für Energiegewinnung. In der Form, wie sie jetzt arbeiten, sind sie keine große Bereicherung, sie geben einiges, aber nehmen viel und haben keine Umweltqualität.

Würden sich alle Wissenden an einen Tisch setzen, unabhängig von persönlichen oder großwirtschaftlichen Interessen, und ihr Herz öffnen, es würden konstruktive, umwelt- und menschenfreundliche Möglichkeiten wie von Zauberhand auf dem Tisch sein. Wir sind immer, wo Treffen dieser Art anstehen, dabei, das kann ich euch versprechen. Ich erwähnte hier schon zweimal den Weltwirtschaftsgipfel. Glaubt ihr nicht auch, dass dort viel geschieht, was nicht ausgesprochen und sichtbar gemacht wird? Habt ihr den wundervollen Energiewirbel gesehen, der sich dort aufbaute? Glaubt ihr nicht, wir haben diese Treffen für die so wichtigen Inspirationen genutzt? Glaubt mir, es war nicht immer leicht! Nun, der Same ist gesät, ob er sich in England, Amerika, Russland, Deutschland oder in China zuerst zum Trieb entwickelt oder vielleicht überall gleichzeitig: Die Zukunft wird es zeigen.

Die wissenschaftlichen Ambitionen bezüglich der Atomarstruktur und ihrer kleineren Bestandteile werden immer intensiver, nicht wahr? Wie wollen die Quantenphysiker den Zweiflern ihre Stringtheorie beweisen? Sie sind auf den Supermikroskopen nicht sichtbar. Wie kann man mit etwas jonglieren oder damit etwas erklären, wenn man es mit den irdischen Augen nicht sehen kann? Das ist wahrlich schwierig. Es kommt, wie es kommen muss: Wissenschaft und spirituelles Forschen werden sich wieder vereinen. Denn nur mit der göttlichen Unterstützung werden neue, unwirklich erscheinende Erkenntnisse entstehen und durch den wahrhaft tiefen Glauben verständlich. Die wissenschaftlichen Theorien werden von denen, die es herausfinden, durch innere Bilder und andere Wahrnehmungen bestätigt; sie bekommen Wissen aus höheren Ebenen vermittelt, die es ihnen erklären, dass sie es verstehen. Nur denen, denen sie es weitervermitteln wollen, wird es nicht gleich verständlich sein, erst wenn sie ihre eigene Tür zu den höheren göttlichen Dimensionen öffnen. Mit GOTT ist alles möglich.

Haltet nun freudig und vertrauensvoll Ausschau nach Menschen und Informationen, die wahrhaft neue Lebensweisen auf der Erde zum Wohle aller aufzeigen. Das Auto, das sich mit der Kraft der Erdenergie bewegt, ist schon gebaut, es ist nur noch keine große Lobby dafür da. Es fehlen Menschen, die auf die Straße gehen und es einfordern. Auch wenn Alter wirklich keine Bedeutung hat, so sitzen doch in den Aufsichtsräten und internationalen Interessensgruppen meist alte Herren, die auf althergebrachte Weise wirtschaftlich agieren und auch persönlich auf Sicherheit bedacht sind. Das sind die Blockierenden. Haltet Ausschau nach den Weißen Rittern, die werden Veränderungen bringen. Jetzt schau einmal kurz in dein Herz und betrachte von dort aus deine Umwelt. Wo kannst du Neuerungen mit in Gang setzen? Wo sind in deinem Umfeld Menschen, die Unterstützung brauchen für neue Projekte, auf die alle anderen warten? Wo kannst du Mut machen oder gar selbst der Handelnde sein? Unsere Hilfe ist dir gewiss.

# Soziale Herausforderungen
## nicht nur für die Dritte Welt

Habt ihr schon einmal euren Blick in Richtung Süden gelenkt und bemerkt, dass sich viel in Afrika bewegt? Ein interessanter Kontinent, nicht wahr? Dort wird etwas geschehen, was die Idee von Abraham Lincoln und der Gruppe freiheitlich denkender Menschen um ihn in Amerika einst initiierte. Noch weiter zurückreichend, auch durch George Washington und einige andere Freiheitsapostel. Diese Ideen waren das grundlegende freiheitliche Fundament für das Grundgesetz Amerikas, das soziale, wirtschaftliche und politische Manifeste in sich trägt. Es war, genauer betrachtet, ein wunderbares Paket für den Weg in die Selbstliebe und die darauf folgende Liebe und Verantwortung für andere. Afrika schickt sich an, eine Gemeinschaft von fünf Gebieten dieses Kontinentes zu bilden, die eine große Föderation darstellen. Die einzelnen Punkte dieser ganzheitlich konzipierten und somit sehr wichtigen Idee werden gerade ausgearbeitet. Auch wenn die fünf Machthaber noch nicht alle wirklich wissen, was dahinter steht, und nicht alle auf dem neuen Pfad des Denkens sind, so sind sie doch auf dem richtigen Weg. Es

119

ist an der Zeit, dass die Menschen, die dort leben, ihre eigenen Schätze erkennen, ich meine, die ihres Herzens und ihrer Ahnen. Die Bodenschätze sind ein anderes Thema. Richtig ist, was das betrifft, dass die nicht ganzheitlich denkenden ausländischen Herren sicher ihre Ansprüche aufgeben sollten. Außerdem, wie kann man ein Stück Erde besitzen und aus ihr etwas schöpfen, wenn man sie nicht einmal gefragt hat, ob es ihr recht ist? Es könnte doch sein, dass einige der Fragmente, die dort abgebaut werden, wichtig für den Kontinent Afrika selbst sind! Ich möchte euch bitten, dies alles unter dem Aspekt Karmaauflösung zu betrachten. Die Völker, die Afrika besiedelten und heute besiedeln, die nach Amerika ausgewanderten Generationen eingeschlossen, haben durch ihre Erfahrungen Karma abgetragen. Es gab eine Zeit, da betrieb die schwarze Rasse und ihre Nachfolger mit anderen Menschen Handel, indem sie sie versklavten und misshandelten, sich über sie stellten und nicht ebenbürtig behandelten. Sie herrschten über sie und sahen sie als minderwertig an. Sie taten das, was man dann mit ihnen tat. Dies ist geschichtlich nicht überliefert, es geschah vor langer, langer Zeit.

Wer sich mit Afrika beschäftigt, wird feststellen, dass die Kraft der Uralten wieder entdeckt und geehrt wird. Die Menschen werden sich ihres Wissens und ihrer Herkunft langsam bewusst. Diese Uralten können viel über die Vergangenheit und über das Wissen, das dort gelebt wurde, berichten. Sie kennen auch die Verbindungen zu anderen

Planeten. Es gibt keinen Kontinent, wo das alte Wissen noch so gehütet wird wie in Afrika. Durch die Kolonialisierung sind zwar ihre Sitten und Gebräuche auch überschattet und teilweise ausgerottet worden, aber ein großer Teil der Alten hat sich in abgelegene Gebiete zurückgezogen und das Wissen und die Bräuche weiter gelebt und an die Nachkommen übergeben. Von Afrika aus wird viel Altes wieder neu aufleben und sich auf andere Gebiete ausbreiten. Auch hier gilt es zu verstehen, dass dies über das morphogenetische Feld geschieht. Die Uralten aller Regionen sind miteinander verbunden. Diese Kontakte, die auf einer höheren Ebene lagern, reichen von Afrika bis China, Indien, Tibet, Russland. Diese Vernetzung greift über den ganzen Erdball und ist auch wieder wie ein Netz zu sehen, das sich liebevoll über alles legt.

Afrika lebt seine Wiedergeburt im Stillen und wird langsam seine Kraft entwickeln. Was nicht bedeutet, dass dieser Wandel leise und gewaltlos vonstatten gehen wird. Der Zunder des Feuers der Gewalt ist nach wie vor da. Aber es wird Menschen geben, die es in Liebe verstehen, diese Energie durch Verständnis und Zugeständnisse auszugleichen. Das ist ein Weg der Liebe, der beschritten wird, unterstützt von vielen Aufgestiegenen Meistern in Verbindung mit den Alten, die dort leben und das Zepter wieder tragen. Das bedeutet nun nicht, dass alle Afrikaner wieder in den Busch zurückkehren. Es wird eine wunderbare Mischung von Altem und Neuem entstehen, denn die reinen afrikanischen Rassen haben sich ja untereinander vermischt, ebenso mit den weißen Kolonisten, die dieses Land okkupierten. Auch mit diesen werden sie gemeinsam friedvoll nebeneinander leben, denn auch sie transformieren das Erbe ihrer europäischen Ahnen, sodass sie neutral aus ihrem Herzen miteinander umgehen können. Das ist das Ziel aller, die mit Weitblick liebevoll diesen Kontinent betrachten und unterstützen.

Das Urwissen der Alten ist unter anderem auf Besuche der Sirianer auf diesem Kontinent zurückzuführen. Auch heute noch hat das Volk der Dogan, ein Volk in Somalia, einen klaren Kontakt zu den außerirdischen Freunden und lässt sich gern von ihren Ideen und ihrer Weisheit unterstützen. Die Sirianer sind ein Volk der Liebe und der Freude. Sie sind in ihrer Struktur den Walen und Delphinen ähnlich. Das Oberhaupt dieses herrlichen Planeten ist ein Walkönig. Wobei das Wort Wal etwas sehr Menschliches hat. Die Brüder und Schwestern, die in den Meeren dieses Planeten leben, sind Abgesandte der Sirianer, in dreidimensionale Hüllen gekleidet. Wale und Delphine sind wissende Tiere und halten in ihrer DNS das gesamte Wissen der Erde gespeichert. Sie üben einen großen Dienst hier aus und halten bestimmte Frequenzen, die mit der dreidimensionalen Schwingung der Erde zu tun haben. Auch sie werden ihren Dienst bald beenden. Sie gehen zurück, um den Wandel des Sonnensystems auf ihre Art zu erleben. Wir danken ihnen für ihre Hilfe und ihren Dienst. Kein

Wunder, nicht wahr, dass viele Menschen sich so angezogen fühlen von dieser Spezies!

Es gäbe viel über Afrika zu erzählen, doch das würde den Rahmen dieses Buches sprengen. Auch hier darf ich dir, wenn du dich im Geiste auf Afrika einschwingst, kleine Reisen vermitteln, die Erkenntnisse bringen und Zusammenhänge aufdecken. Die Sahara war nicht immer der dürre Streifen Land im Norden des Kontinents. Es gab eine Zeit, wo es hier nur so strotzte vor üppigen Pflanzen, die in herrlichen Gärten angelegt waren. Afrika ist es wert, sich damit höher geistig zu beschäftigen. Deine Erkenntnisse werden sich wunderbar in dein bisheriges Wissen über die Vergangenheit der Erde und in deine neuheitliche Sichtweise einfügen. Und das Wunderbarste an allem ist, mit diesem In-sich-gehen heilst du noch ein Stück Geschichte, vielleicht sogar deine eigene oder die deiner Familie. Wer weiß, was du in Afrika lebtest? Vielleicht warst du der Siedler, der Kaffee in Kenia anbaute oder in den Goldminen Südafrikas nach größeren Nuggets suchte.

Afrika ist ein Beispiel dafür, wie sich alle Geschehnisse, die mit dem heutigen sozialen Verständnis als Ausbeutung gelten, nun offenbaren und auch besser verstanden werden können. Was in den letzten Jahrhunderten als ganz normal galt, nämlich ein Land zu kolonialisieren, wird heute als ein Überfall gesehen, als ein Eingreifen in die Angelegenheiten eines Volkes. Man nahm den Menschen ihr Land weg und versuchte, ihnen, oft sogar mit Gewalt, europäische

Denkweise aufzuzwingen. Man hielt sie für Barbaren und meinte, ihnen richtiges Denken und Leben beibringen zu müssen. Heute beginnt man die Weisheit der alten Völker zu schätzen und kann oft nur den Kopf darüber schütteln, wie es möglich war, dass unsere Ahnen dies taten. Ich möchte damit nicht ausschließen, dass es nicht auch wahre herzensoffene Missionierende gab, die einiges leisteten, wo Hunger oder Not herrschten. Doch rückblickend darf man feststellen, dass die meisten Ureinwohner, und das gilt nicht nur für Afrika, gut zurechtkamen mit ihrem Wissen über die Natur und ihre Kräfte. Sie konnten sich versorgen mit dem, was die Natur ihnen gab, sie wussten über die Heilkräfte der Pflanzen und des Mondes Bescheid. Sie kannten die Kräfte der Sonne und waren teils sogar noch in der göttlichen Geometrie bewandert. Das alte Wissen hatte sich noch erhalten und wurde gelebt. Ich möchte die Kolonialisierung der letzten Jahrhunderte nicht bewerten, war doch alles, was geschah, eine Reaktion auf anderes, was zuvor getan wurde, und darf daher als karmische Reaktion bezeichnet werden.

Jetzt aber bricht eine andere Zeit an, und wir sehen bei genauer Betrachtung aller Kontinente, dass überall große Veränderungen anstehen und dass die Würde des Menschen das zentrale Thema ist. Die wahre Globalisierung ist ein neues Bewusstsein der Achtung und Ehre eines jeden Menschen, einer jeden Kreatur. Überall auf der Erde werden die karmischen Merkmale jetzt geglättet. Das kommt

„auf leisen Sohlen", aber auch mit viel Radau und auch leider noch mit Kriegsgeschehen. Der Radau äußert sich auch in neuen Strategien des Welthandels, der globalen Wirtschaft, die nicht wahrlich global ist, sondern lediglich eine verzerrte Globalisierung darstellt, die nicht menschenwürdig ist. Oder macht es Sinn, dass in den reichen europäischen Ländern die Menschen Pullover oder Schuhe tragen, die sie hier für viel Geld erwerben, die aber für einen Hungerlohn in einem fernen Land von Kindern gefertigt wurden? Die Hersteller diesen Waren sind stolz darauf, billig und effektiv produziert zu haben. Wie pervertiert muss es noch werden? Ein jeder Mensch, ob in einem kleinen Betrieb oder einem Riesenkonzern, muss in sein Herz schauen bei solchen Entscheidungen und im Zweifelsfalle nein sagen. Oder selbst andere Wege finden, die auch die fernen Helfer mit einbinden, aber auf eine faire Art. Es geht in dieser Zeit doch auch darum, kein neues Karma zu erschaffen, kein Wirken und Gegenwirken, was bedeutet, neutral aus dem Herzen heraus jeden Schritt zu erschaffen. Jeder Mensch erschafft sich neues Inkarnationsmaterial, wenn er unbedacht menschenunwürdig handelt. Das gilt für das eigene sowie für das Leben anderer.

Wir beginnen am besten damit, im täglichen Leben unsere Entscheidungen mit der sozialen Brille zu betrachten. Was tue ich, damit es mir und den anderen gut geht? Wenn ich etwas für mich tue, wie wirkt sich das auf die anderen aus? Wenn ich für mich genug habe, wie ist es mit den anderen? Verstehe mich bitte richtig, ich propagiere, dass der Mensch zuerst mit sich selbst im Reinen sein muss. Er muss sich lieb haben, dann kann er sich, weil er weiß, für ihn ist genug da, umdrehen und schauen, wie es den anderen Menschen ergeht. Wahre Nächstenliebe beginnt mit der eigenen Akzeptanz. Wie willst du anderen dienen, wenn du dir selbst nicht dienst, wenn du deinen göttlichen Kern vernachlässigst, ihn nicht annimmst? GOTT wirkt in jedem Menschen, er kommt nur oft nicht durch, er wird nicht gehört. Wenn du dich liebst, liebst du übrigens alles, weil du auf der atomaren Ebene mit allen verbunden bist. Klärst du dein Feld, bist du mit dir lieb und fürsorglich, bekommen die anderen davon immer etwas ab. Aus dieser ganzheitlichen Sicht ist es so wichtig, dass jeder bei sich selbst beginnt.

Was nun alle Kontinente dieses Planeten betrifft und die Menschen, die auf ihnen leben: Ein jeder wird sich darauf besinnen, ein Teil von GOTT zu sein, und wird wissen, dass er, wenn er sich etwas Böses antut, auch anderen schadet, und dass es, wenn er anderen schadet, auf ihn zurückfällt. So ist das kosmische Gesetz. Diese Erde ist ein buntes Gemisch aus vielen Sternenwesen, die sich hier trafen, um irdisches Leben zu erfahren. Es begann mit der allumfassenden Liebe, die sich hier etablierte, die dann in tiefere Schwingungen gelangte und damit auch die dunklen Facetten der Schöpfung offenbarte und erlebte. Wir sind jetzt aufgefordert, alle Menschen als *Gottesgeschöpfe* zu erkennen und zu achten und zu ehren.

Wir wollen keinen Menschen mehr dominieren, sondern ihm Liebe und Freiheit schenken. Nur wer das erkennt, kann in Frieden leben.

Alle Länder dieser Erde werden von uns inspiriert, dieses Licht im eigenen Inneren anzuzünden, und wenn das alle tun, gibt es keine Unterdrückung mehr. Es wird jedem die Tränen in die Augen treiben, wenn er ein Gewehr in den Händen eines Kindes sieht und wenn eine Frau geschändet am Boden liegt.

Lasset uns gemeinsam die Hände falten und ein Gebet zum Himmel senden, dass der höchste Schöpfer in uns allen das göttliche Licht entzündet.

## Diplomatie und Wahrheit, die sanften Waffen der neuen Mächtigen, oder Politik als Chance

Geliebte Freude, wie entsteht nun die Neue Erde, von der wir und alle Erwachten gerne sprechen? Auch diejenigen, die geistig nicht so offen sind wie ihr, erahnen etwas und philosophieren darüber. Sie fühlen, dass etwas Neues vor der Tür steht, sie wissen es meist intuitiv. Sie sind angerührt von ihren höheren Anteilen und von der sich verändernden DNS in ihrem eigenen Sein, verbunden mit den DNS-Strängen dieser Erde, die wiederum mit anderen Speichermodulen verbunden sind. So gibt es nichts, das sich allein entwickelt, alles ist miteinander verwoben. Lenken wir nun unser Augenmerk auf die Art, wie die Veränderungen vor sich gehen werden. Gehen wir davon aus, dass im Einzelnen jeder Mensch sein Weltbild und das seines täglichen Lebens verändert – durch Entscheidungen aus der eigenen Freiheit heraus. Erwachte beginnen, ihr bisheriges Leben zu durchleuchten und erst einmal alles daraufhin zu befragen, ob es richtig ist und wirklich ihrem Wunsche entspricht, was sie tun, wie sie leben. Ein wahrlich Erwachter, und du bist einer von ihnen, besieht sich sein Leben bis ins kleinste Detail und fühlt hinein, denn es zu fühlen ist wichtig. „Lebe ich meinen Qualitäten entsprechend? Bin ich loyal mir selbst und damit auch anderen gegenüber? Achte ich meinen Nächsten und die Natur?" Das ist ein Prozess, und der hört nie auf, solange du hier auf der Erde weilst. Bist du da, wo ich mich jetzt aufhalte, visierst du die nächste Ebene an. Das hört wahrlich nie auf, bis du in der Einheit fest verankert bist.

Nun beleuchtest du deine Loyalität, deine Authentizität und deine Liebe zu dir selbst. Du fragst dich: „Warum bin ich hier, und was ist meine Aufgabe, außer dass ich geboren wurde, zur Schule ging und so weiter?" Du beginnst, deine Wahl der Dinge in Frage zu stellen, um sie dann irgendwann anzunehmen. Weil ja alles gut so ist, wie es ist. Bisher trafst du die Entscheidungen aus gewissen Überzeugungen, die zwar deine waren, doch meist von anderen geprägt wurden. Verstehst du nun, dass es wirklich gut so ist, wie es ist, weil du dir alles auf der anderen Seite des Schleiers gut überlegtest, wie du wo sein wolltest? Das war gewählt aus der Sicht von noch anstehenden Lernerfahrungen. Für viele von euch Lesern wird es weitergehen, ihr werdet die Erde verlassen und neue Wege beschreiten. Es gibt also nichts mehr hier zu lernen, außer ein freier Mensch zu sein. Entscheide jetzt aus deiner Freiheit heraus, und du wirst erstaunt sein, was das bedeutet und was es mit sich bringt.

Neue Freunde werden dein Leben erweitern, die auch so denken wie du, die sich auflehnen gegen gewisse vorgegebene Paradigmen. Der Staat braucht solche Menschen, auch wenn es im Moment so aussieht, als würden alle, die gegen etwas sind, eher ausgeschlossen oder gar strafrechtlich verfolgt. Es gibt unter ihnen sicher diejenigen, die sich auflehnen, die Autonome genannt werden und Rechts- oder Linksradikale, sie sind Minderheiten. Aber haben Minderheiten nicht auch einen Sinn? Minderheiten leben etwas aus, was auch in einem jeden steckt. Die Masse mag da nur nicht hinsehen. „Ich bin ein Rechtsradikaler, sogar ein Judenverächter? Niemals!" wirst du sicherlich sagen. Schau mal in dein Herz hinein. Dann räumst du vielleicht ein: „Wenn so viele Menschen dieses Volk nicht mögen, dann muss ja vielleicht doch etwas dran sein, warum man sie verachtet und verfolgt." Dieses Resümee könnte in einer Ecke deines unbeleuchteten Herzens versteckt sein. Wärest du völlig frei von diesen Resonanzen, würden dich andere Meinungen, Lebensweisen oder Demonstrationen gar nicht ansprechen. Du würdest sagen: „Sie entstehen aus einem Teil der Masse, es muss sie geben, weil es das Gedankengut in uns allen gibt. Sie fühlen, sie müssen es ausdrücken, und das ist in Ordnung. Die Gewalt ist nicht zu akzeptieren, aber sie wissen es sicher nicht besser und möchten mit allen Mitteln auf sich aufmerksam machen, und sei es mit Gewalt. Und es macht sicher keinen Sinn, mit Gegengewalt zu reagieren. Da wir alle eins sind, richtet sich diese Gewalt letztlich auch gegen uns alle." Das wäre eine weise Erkenntnis. Alles, was einem nicht gefällt, was man als schlecht bewertet, zeigt, dass es nicht in uns selbst

integriert ist, akzeptiert und geliebt wird. Wird etwas aner-
kannt und geliebt – das gilt für alle Schattenanteile, die ein
jeder Inkarnierte in sich trägt, das gehört zum Dualen
System –, dann ist es umhüllt und integriert in die allumfassende Liebe und ist Licht. Solange diese Gesellschaft
soetwas als Phänomen oder als Abtrünnigkeit bezeichnet,
ist mit dem System etwas nicht in Ordnung. Wahre
Demokratie, wenn es sie gibt, lässt alles stehen, bewertet
nicht, sondern sieht es als einen Teil vom Ganzen. Demokratie beinhaltet in sich schon einen Widerspruch, denn sie
besagt, dass es Abspaltungen geben muss. Betrachtet man
dies aus der Sicht der höheren Göttlichkeit, bedeutet
Demokratie Getrenntheit. Das wiederum ist dual und
kann somit nicht das Ziel einer Gesellschaft sein. Mit Phi-
losophen und Philantrophen könnte man sicher ausführlich darüber diskutieren, das wäre sehr spannend. Aber vieles, was so diskutiert wird, sieht als Grundlage nicht die
allumfassende Liebe, denn das ist die Basis und das Ziel.
Alles andere existiert weiter in der Illusion der Getrenntheit, die wiederum der alte Spielplan der Erde und des restlichen Systems ist.

Wenn wir als Menschen, ich zähle mich gern dazu, nun
etwas wahrlich verändern wollen, müssen wir unsere Sichtweise von der Getrenntheit auf die Einheit lenken. Es gibt
kein Gut und kein Böse, es gibt nur Einheit, nur die Liebe.
Dies zu erkennen und auch umzusetzen, ist nicht einfach,
der Verstand lockt einen immer wieder auf den Pfad der

Wertung. Wenn alles in Liebe ist, ist auch der Verbrecher aus der Sicht der Liebe zu betrachten. Ich meine kein Mitleid oder eine Geste, die Verständnis heuchelt. Das ist auch wieder Wertung. Aus der Tiefe des Herzens heraus muss erkannt werden, dass ein Mensch durch seine verschiedenen Schichten von Erfahrungen auf der Erde und durch weltliche Prägungen von Staat, Kirche, Familie zu dem geworden ist, was er heute ist: eine Seele mit vielen menschlichen Erfahrungen, aus denen heraus er handelt. Er lebt aus den angelernten Dingen heraus, die ihm vermittelten, was gut und was schlecht ist. Tief im Inneren liegt sein göttlicher Kern, der unbeschadet alle Zeiten über dort ruht und darauf wartet, dass sein wahrer Dienst beginnt: nämlich, dem Menschen seine Göttlichkeit näherzubringen und aus dieser heraus zu leben und die alten Prägungen aufzulösen.

Wenn dies ein jeder Mensch tut, darüber sprachen wir hier schon ein paar Mal – aber ich kann es nicht oft genug betonen, denn das ist die Kernaussage dieses Buches – und den Weg, der jetzt beginnt, geht, dann ist die Neue Erde dabei, erschaffen zu werden. Sie ist im Geiste schon da, die Neue Erde existiert schon, sie ist nur noch nicht mit ihrem irdischen Kleide wahrzunehmen. Sie schwingt höher, in dem Bewusstsein eines jeden Menschen. Es wird Menschen geben, die dies schon bald spüren, dass sie da ist und dass man auf ihr im Geiste oder mit dem Geiste schon lebt. Sie existiert parallel zu dieser Erde, und eigentlich agieren die Erwachten auf zwei Ebenen und stabilisieren damit die höhere Erde. Sie wird immer mehr sichtbar und ist im Moment eher mit dem Gefühl wahrnehmbar. Du lebst auf und mit ihr, wenn du deine eigene Wahrheit lebst und das tust, was aus der Tiefe deines Herzens geleitet wird. Du lebst es, wenn du dich dem Tratsche und dem Geheuchel des täglichen Lebens entziehst und alles durch die Brille der Liebe betrachtest. Bedenke, alles ist gut, was geschieht, weil es eine Folge von dem ist, was durch Erfahrungen entstand, insofern kann nichts schlecht sein. Wenn etwas nicht in Liebe geschieht, dann ist es noch in Getrenntheit und lebt nicht in der Einheit, in dem göttlichen Gewebe der allumfassenden Liebe. Das Ziel ist, alles sanft, dich eingeschlossen, in das Licht zu führen. Alles das, was auf der Erde mit Krieg, Hass, Vergewaltigungen, Folterungen und menschlicher Unwürde zu tun hat, geschieht aus alten Erfahrungen heraus, daraus wurde es kreiert. Es hat seine Existenzberechtigung aus dieser Sichtweise heraus. Es wird sich auflösen, wenn immer mehr Menschen erwachen.

Eine Zeit wird kommen, sie steht vor der Tür, wo viele Menschen den Kopf schütteln werden und sagen: „Wie konnte es nur sein, dass wir Unrecht als rechtens empfunden haben? Wir haben es nicht anders gewusst, wir lernten, dass dies rechtens sei. Nun sehen wir durch dieses Bild hindurch und beleuchten es und sehen die Wahrheit." GOTTES Licht bricht durch, es durchflutet die

Erde und wird sich überall verbreiten. Und wie es im Großen ist, so ist es auch im Kleinen. Oder wie es im Kleinen ist, so wird es im Großen sein: Die Veränderung beginnt bei jedem Menschen und entwickelt sich zu einem Netz der Liebe, das kann gar nicht anders sein. Sicherlich wird es manchmal holprig geschehen und mit Widerstand. Aber du kennst das von einigen alltäglichen Dingen, die sogar ganz natürlichen physikalischen Gesetzen unterliegen: Wenn man zu sehr an etwas zieht oder sich gegen etwas lehnt, wird der Gegendruck noch stärker. Wenn du oder jeder Andere sich gegen etwas wehren, und das beginnt im eigenen Inneren, wird der Gegendruck noch stärker. Es macht daher Sinn, sich ruhig und gelassen neuen Ideen und Lebensweisen zu öffnen, und nicht gewaltsam zu versuchen, plötzlich alles umzukrempeln. In der Ruhe liegt die Kraft, so heißt es doch. Ich empfehle dir gern nochmals: Lehne dich entspannt zurück und lasse die neuen Dinge in dein Leben eintreten. Du wirst sehen, Probleme lösen sich oft nach kurzer Zeit auf, oder du hast Ideen für gute Lösungen. Es macht auch keinen Sinn, starr an alten Dingen festzuhalten, das ist auch mit dem Gegendruck gemeint. Wenn du als Kind ein Spielzeug verteidigt hast, in dem du es krampfhaft festhieltest, ging es vielleicht nach langem Kampf entzwei, es war kaputt. Das war es, was du am Allerwenigsten wolltest, weil es dir doch so lieb war. Es macht nun Sinn, loszulassen und Vertrauen zu haben.

Was gelebt werden will, ist die Wahrheit, die im Inneren eines jeden Menschen ruht. Richte den Blick einen Moment auf dich und sieh dein Umfeld an. Wo wird die Wahrheit, die allumfassende Liebe, gelebt, und wo sind noch tiefe Verletzungen, die das Zepter des Lebens in der Hand halten und es auf Irrwege, die Getrenntheit symbolisieren, führen? Sieh dies mit sanftem Blick und dem des Verstehens, ohne Wertung, und sende Licht und Liebe dorthin und versuche, nicht zu bewerten.

Mögest du für deinen Weg manchmal etwas verständnislos angeschaut werden, es lohnt sich, du bist eine Facette der neuen geistigen Weltregierung, die alles in Liebe fließen lässt. Denn Politik ist nicht das, was die Regierenden tun, sie geschieht ursächlich im Volke. Nur haben die Menschen dieses Wissen, das ihr Urrecht ist, vergessen und aus der Hand gegeben.

Wahre Politik geschieht im Volke, das ist gesund und ist immer wieder schnell ausgleichbar. Ein jeder, du kennst das aus deiner eigenen Familie, kann sofort eine Sache oder eine Lage, die schief liegt, durch liebevolle Worte oder Taten ausgleichen. Das Feld der Liebe ist wieder glatt und die Störungen sind wie fortgeblasen. Eine gesunde Gesellschaft vermag das ohne viel Aufwand und ohne Bestrafung. In kleinen Gruppen kann man dies auch feststellen, wenn sie offen miteinander sind. Es ist keine Schande, Angst zu haben, dualistisch wird es nur dann, wenn sich diese Angst durch unverständliche Handlungen ausdrückt. Schauen wir kurz auf die Massaker oder Untaten an den Schulen, die euer Verständnis sehr auf die Probe stellten. Was geschah dort? Die Gemeinschaft ist nicht homogen. Sie hat es nicht geschafft, die Sorgen und Ängste dieses einzelnen Menschen, der natürlich auch vom morphogenetischen Feld gespeist wird, auszugleichen. Das Ventil ist geplatzt, die Reaktion war diese Tat. Aber wenn wir noch tiefer schauen, sehen wir sogar einen Dienst. Dieser Mensch hat einen großen Dienst für die Menschen geleistet: Er hat sie wachgerüttelt, er hat aufgezeigt, wo die Hilflosigkeit und die Armut des Gefühls immer mehr um sich greifen, und hat alle, die sich angesprochen fühlten, ermutigt, sich selbst und ihr Umfeld nach ähnlichen Symptomen abzusuchen.

Die Heilung eines Staates beginnt in den eigenen Reihen, nicht im Außen. Wenn ihr Regierungsmitglieder wählt, tut dies aus dem Herzen, nicht aufgrund dessen, was auf dem Papier steht und was erzählt wird. Fühlt, ob die Person oder die Gruppe, die zur Wahl angetreten ist, die richtige ist. Nun möchte ich sagen, dass im Moment im europäischen Raum nicht die an der Macht sind, die große Veränderungen herbeiführen. Die Veränderungen kommen wie von selbst, sie geschehen einfach, die Regierenden haben keine Macht mehr darüber.

Es ist soweit, die Strukturen brechen zusammen, weil das kosmische Gesetz es so will, da kann kein Politiker, keine Partei, keine Obrigkeit, sei es Kirche oder Staat, etwas dagegen unternehmen. Das ist der Weg der Evolution. Es ist die Chance des Kollektivs und des einzelnen Menschen. Beginne du bei dir mit den Veränderungen. Vermittle es durch dein verändertes Leben den anderen um dich herum, im Betrieb, im Freundeskreis. Deine Familie wird sowieso von diesem neuen Virus der Freiheit infiziert, sie kann gar nicht anders, sie lebt mit dir. Beobachte deine Kinder, sie sind die ersten, die verstehen, wenn du neue Entscheidungen triffst. Sie werden lächeln und vielleicht gar nicht viel sagen. Alle jüngeren Kinder sind auf eine Art schon offener oder oft ganz anders strukturiert hierher gekommen auf diesen Planeten. Sie erkennen deine neuen Handlungen als die Wahrheit und leben sie mit Freuden mit. Verstehe, du geliebtes Wesen, der Wandel hat begonnen, nimm du dein Zepter wieder in die Hand, lass dich nicht fremdbestimmen, handle aus deinem Herzen, die Ungerechtigkeit ist Illusion, eigentlich gibt es sie gar nicht. Lass dich nicht mehr ablenken und irritieren, gehe deinen göttlichen Pfad.

Die Politiker spüren diesen Wandel und haben jetzt nur noch die Möglichkeit, ihn zu unterstützen; obwohl besonders in diesen Reihen viel Unsicherheit herrscht, was eigentlich zu tun sei, wie Stabilität geschaffen werden kann. Nur zu oft halten sie nach der alten Stabilität Ausschau, die nicht mehr funktioniert. Schau einmal in die Welt und sieh dir die Politiker eines jeden Staates an, wenn sie dir bekannt sind. Oder noch besser, fühle einmal die Energie eines jeden Staates, fühle sie. Was fühlst du? Ist

137

dort die Neue Erde schon spürbar oder sind dort noch starke Stränge der Unwissenheit? Unwissenheit ist ein Oberbegriff für alles, was du als schlecht bezeichnest, wie Ausbeutung, Unterdrückung und Ähnliches. Denn würden alle die göttliche Wahrheit durchkommen lassen, wären sie wissend und würden nicht mehr Dinge der Unwissenheit tun. Es löst sich vieles auf, auch das kannst du spüren, wenn du in die Staaten hinein fühlst. Manche sind in starken Verstrickungen, gerade was das äußere Ansehen betrifft. Atomkraft soll Stärke demonstrieren, Truppenbesetzungen die Macht zeigen. Wie überflüssig, oder was meinst du? Wahre Stärke drückt sich wirklich anders aus. Es macht keinen Sinn, darüber wütend oder entrüstet zu sein, deine Liebe, dein Licht dorthin gesandt, hilft bei dem Wandel. Das ist ein gutes Werkzeug der Neuen Zeit. Ich mische gleich noch ein bisschen violette Kraft dazu. So geschehen die Veränderungen.

Wenn du dir nun die Politiker und Verantwortlichen der Staaten auf der Erde anschaust, könntest du fast schmunzeln. Bei einigen ist unverkennbar, dass der Machtsockel noch fest anmutet, doch schon ein wenig bröckelt. Wirtschaftliche und private Verbindungen, die Macht stützen, werden brechen, sie werden sich gegenseitig schaden, weil jeder konventionell Agierende in dieser Zeit des Wandels an sich selbst zuerst denkt. Wo Gruppeninteressen dominieren, werden Einzelne den Rahmen sprengen, weil sie erwachen, vielleicht auch gedrängt aus den eigenen Reihen, auch den persönlichen. Seid versichert, dass auch dies den Aufgestiegenen Meistern und den höheren Räten des Lichtes und der Förderationen dienlich ist. Wir unterstützen jede neue Idee und sorgen dafür, dass das Unwirkliche erkannt wird. Es wird keinen Weltuntergang geben, mögen die Drohungen der Uneinsichtigen sich auch so anfühlen. Wir sind instruiert, den Schaden in Grenzen zu halten.

Ein jeder Politiker, der sich nun, auch durch höhere Kräfte inspiriert, dem eigenen höheren Selbst öffnet, wird auch in den ausweglosesten Situationen unserer Hilfe gewiss sein. Es gibt für alles eine Lösung. Es gibt keine Krisenlage, die nicht in Frieden enden könnte. Auch der Hunger auf der Welt kann beseitigt werden durch entsprechende Maßnahmen und Sanktionen. Sei gewiss, keine Lage ist aussichtslos, und denke nicht, alles sei eine Riesenungerechtigkeit. Nichts geschieht ohne Erfahrungsgrundlagen, nichts ist zufällig. Nur ist jetzt die Zeit gekommen, diesem Spiel den Garaus zu machen. Es ist genug zu essen für alle Menschen da, nur die Verteilung ist nicht die richtige. Dieses soll eines der nächsten Ziele der geistigen Regierungen der Erde sein. Sie stehen in Verbindung zu anderen führenden Menschen, die die Fäden der Staaten in der Hand halten. Nicht ein jeder schenkt ihnen Gehör, aber es wird nicht locker gelassen. Wir alle werden erfolgreich sein, du eingeschlossen.

Schaue nun mit deinen geschlossenen Augen die Erde an, sieh in dir die wichtig erscheinenden Länder, die

Weltpolitik machen. Fühle, welch wunderbare neue Kraft aus diesen Gebieten strömt, es sind die sich verbreitenden Lichtströme, die Veränderungen sanft und diplomatisch einleiten. Diese Lichtströme werden von Menschen wie dir getragen. Die Verantwortung für die Veränderung der Welt liegt in deinen Händen. Wenn ein jeder so denkt, werden die Politiker, die an führender Stelle stehen, auch so denken oder von ihren Helfern inspiriert, oder sie werden durch Menschen, wie du einer bist, abgelöst.

# Göttliche Lichtvernetzung, das Zepter der neuen weltlichen Regierungen

Wir wollen mit den Dingen der weltlichen Veränderungen fortfahren. Nichts wird so bleiben, wie es ist, nichts wird wieder so werden, wie es einmal war. Viele von den erwachten alten Seelen setzen sich nun mit den alten Zivilisationen auseinander. Einmal aus der Perspektive, dass es sehr interessant ist, was in Hyperborea, in Lemurien oder Atlantis allgemein geschah. Andererseits, und das ist sehr wichtig, weil ein jeder vielleicht gern wissen möchte, was er selbst in diesen Epochen erlebte: „Wer war ich dort? Was war meine Aufgabe? Wenn ich eine alte Seele bin, dann hab ich sicher auch mit Techniken oder lichtvollen Werkzeugen gearbeitet. Welche waren das? Ich möchte jetzt davon profitieren und sie wieder in mein Leben einladen." Das ist eine gute Idee, aber nicht nur, um sie neu einzusetzen, sondern auch um diese alten Erlebnisse zu heilen. Ein Neubeginn der Erde, ein völlig neues Weltbild, eine andere Art des Erlebens, das werden Erde und Mensch jetzt einleiten dürfen. Dies ist ein großes Geschenk.

Es wird niemals mehr so sein, wie es war. Es gibt auch kein Zurück. Denn die Erde geht ihren neuen Weg der

Vereinigung. Ich beschrieb es schon, die Erde geht in eine höhere Schwingung, aber sie geht nicht den alten Weg zurück, so wie sie in die niedere Schwingungsebene gekommen ist. Das ist wichtig zu verstehen, weil auch ihr nicht euren Weg der Evolution zurückgehen könnt.

Alles ist neu und einmalig, sodass auch niemand irgendwelche Vergleichsmöglichkeiten hat, wie es wohl sein könnte. Es ist wie eine neue Schöpfung, eine Göttliche Kreation, an der alle beteiligt sind. Alle, die sich hier auf der Erde und im Erdmantel befinden, haben Anteil an dieser Entwicklung. Jeder trägt seinen Teil dazu bei. Die Erde selbst trägt den Hauptanteil. Aber da wir alle ein Teil von ihr sind, sind wir damit verwoben. Eine Veränderung beginnt im Kleinen, das haben wir schon gesehen. Jetzt wollen wir kurz schauen, was wir nun mit Atlantis, Lemurien und all den anderen alten Epochen machen werden. Geehrt sind die Völker der alten Epochen, geehrt für den Dienst, gelebt und vieles in das morphogenetische Feld eingegeben zu haben! Die Erfahrungen, die immer noch da sind, waren äußerst vielfältig und vielseitig. Du selbst warst sicher in Lemurien, Atlantis, Ägypten oder in jeder dieser Entwicklungsphasen. Sicher ist, deine damaligen Entwicklungen waren für die Erfahrung der Dualität wichtig. Jetzt wieder in deine Kräfte von damals einzusteigen, würde dir und der Erde nicht dienlich sein, weil es in der Form mit den Randattributen eher belastend wäre, denn du steigst in Altgeprägtes ein. Was zu tun ist, wäre, die alten Erfahrungen

142

zu heilen, und das steht ganz besonders für die Zeit und Erlebnisse von Atlantis an. Atlantis prägte durch seine Erfahrungen alle nachfolgenden Taten und Wege der Erde. Das reicht in alle Gebiete der Erde hinein, denn alle sind energetisch damit verbunden, mögen die Taten direkt auch nur in bestimmten Gebieten geschehen sein. Das gilt auch für all die anderen Epochen.

Heilung darf nun geschehen. Am Besten ist es, du lehnst dich entspannt zurück und genießt meine Gegenwart. Sei dir gewiss, wenn du hier eintauchst, werden andere Menschen ebenfalls ihre Möglichkeit bekommen, bewusst zu werden, ohne dieses Buch zu lesen. Dann ist es eine Erlaubnis, von den alten Prägungen geheilt zu werden. Es wird dafür gesorgt, dass die reine Information deiner lichtvollen Tätigkeiten ohne Dualitätsprägung in dir wachgerufen werden. Das hängt wieder mit der DNS zusammen, die sich immer mehr öffnet, es wird an ihr gearbeitet von deinen lieben geistigen Helfern und Genspezialisten, die immer dann in Erscheinung treten, wenn ein Planet sich in die Richtung eines Aufstiegs, einer Schwingungserhöhung, bewegt. Ich verbürge mich dafür, dass alles so seinen Gang geht, wie es für dich und die Erde richtig ist. Wir erwarten die großen Veränderungen der Erde von den Menschen, dich sich ihrer eigenen Entwicklung nun bewusst sind, sanft ihre Aura erweitern und alles Alte entlassen. Die Wesen, die Gentechniker genannt werden, arbeiten vorsichtig und ganz gezielt an deinen verschiedenen

Körpern. Sie reinigen und erweitern sie und vernetzen die höheren Meridiane mit den niederen. Sie vernetzen deine verschiedenen Strukturen und lassen lichtvolle Energien in dein gesamtes Körpersystem fließen. Das ist eine Sisyphosarbeit und verlangt viel Ruhe und Konzentration. Das erklärt auch, warum du nachts oft sehr tief, fest und lange schläfst. Es ist eine hervorragende Möglichkeit, etwas tiefer an dir zu arbeiten. Ich darf dir versichern, da wird in einem Bereich von Nanomillimetern agiert. Das wäre für ein menschliches Auge nicht wahrnehmbar, und diese Vorgänge sind auch nicht leicht in Worte zu fassen. Stell dir einfach vor, du bist ein großes Wesen, das seinen ausgesandten Anteil wieder mit der Zentrale vernetzt. Das erfordert viel Kleinarbeit und ist ein langer Prozess, der wirklich sehr speziell ist und alle Hingabe dieser lieben, weitgereisten Helfer erfordert. Du darfst dich also wirklich zurücklehnen, du brauchst nur in dich hineinzuhorchen und fühlend wahrnehmen, was du selbst tun kannst. Es wird immer darauf hinauslaufen, dass es darum geht, deine alten Muster abzuwerfen. Du musst irdisch deinen Rahmen sprengen und neue Wege suchen, die herausführen aus der Dualität.

Die Frage ist nun natürlich: Was geschieht mit der Welt, und wie wird sie ihren neuen Weg beschreiten? Die wirtschaftlichen Veränderungen, die sind schon erkennbar. Leider für euch nur als ein Desaster, weil vieles zusammenfällt und jeder Angst um seine Pfründe hat. Die alten Muster oder Prägungen der Urbedürfnisse kommen hoch. Du hast Angst, alle haben Angst, nicht mehr genug zu essen zu bekommen, so wie es in einigen Gebieten auf der Erde schon lange geschieht. Jetzt erreicht es die Wohlstandsstaaten. Ich glaube, dass es gelingen wird, den Standard der Erde im Allgemeinen nicht so tief herunterschrauben zu müssen, bis ein Nullstand erreicht ist. Wobei ich fairerweise sagen muss, dass das ein jeder selbst entscheidet, wie er es empfindet. Der eine Mensch sagt: „Wunderbar, jetzt wird alles umfallen und wir können neu beginnen. Das wird spannend sein, wie eine Pionierzeit. Wir können neue Strukturen einer globalen, ganzheitlich ausgerichteten Ökonomie erschaffen. Für alle wird genug da sein. Ich freue mich schon, meinen Dienst leisten zu dürfen." Der Nächste wird sagen: „Oje, oje, mein mühsam Erspartes wird vielleicht weg sein, meine Hausraten werde ich vielleicht nicht mehr zahlen können, meine Arbeit wird nicht mehr da sein. Was tue ich nur? Wer oder was kann mich ernähren? Vielleicht werden wir von den anderen Völkern überrollt. Vielleicht ist es wie ein riesiger Weltkrieg, wo alle verhungern. Was soll nur werden?"

Wichtig ist, sich nicht in Untergangsszenarien zu verstricken. Äußerlich, von den Medien präsentiert, sehen alle Dinge, die in den nächsten Jahren an die Öffentlichkeit kommen, nicht sehr positiv aus. Auch hier ist es empfehlenswert, nicht mit dem äußeren Auge zu schauen. Sieh nochmals in die verschiedenen Länder und beobachte ihre

Vernetzung. Halte Ausschau nach den lichtvollen Bändern der Vernetzung. Als Jesus vor circa 2000 Jahren diese berühmte Inkarnation begann, war sein Auftrag, Lichtnetze zu weben. Diese Netze werden jetzt seit Jahren intensiviert, unterstützt von den alten Drachen, die im Inneren der Erde und in entlegenen Gebieten ihren Dienst tun, von den Walen und Delphinen, in deren DNS das gesamte Wissen dieses Planeten gespeicher ist, und von den reizenden Wesen, die Menschen genannt werden, die jetzt erwachen und durch ihr Tun dieses Netz weiterspinnen.

Wenn du weiter in dieses Netz hineinschaust, wirst du kleine Knotenpunkte entdecken. Schaue einmal genau hin, du entdeckst kleine Punkte, die Vernetzungszentren sind. Hier wird in Licht und großer Liebe an einem Plan gearbeitet, wie es mit der Erde und in diesem Gebiet oder dem Land am besten weiter geht. Hier sitzen Politiker oder solche, die es werden wollen, oder Menschen, die auf andere Art ihren Beitrag zur Neuen Erde beisteuern. Sie sind gut verbunden mit uns. Sie lassen sich inspirieren oder fragen direkt nach, wenn sie so einen offenen Kanal haben, wie diese Partnerin. Sie erfragen die nächsten Schritte bei uns oder anderen hohen Wesen der Galaktischen Föderation, die einen Sonderstab gebildet haben für Menschen, die der Erde helfen wollen. Dieser Sonderstab ist ein besonderer Trupp von Wesen, die geschult sind in diplomatischen Missionen, die helfen können, liebevoll, auch geschickt, neue Ideen zu pflanzen, Menschen zu vernetzen und zum passenden Zeitpunkt Öffnungspforten zu schaffen, damit sich das Neue verbreiten kann. Es ist sehr vielfältig und mit Worten nicht präzise zu beschreiben. Es kann aber, wie jetzt von dir, erfühlt werden. Siehe weiter in diese Vernetzungspunkte. Wenn du dies wie in einer Meditation machst, erfährst du eine Reise, eine Vorausschau, wie dort wahrlich interdimensional gearbeitet wird und wie es weitergeht auf der Erde.

Die Punkte werden sich weiter vernetzen, und die Ideen für mehr Freiheit, für mehr soziale Gerechtigkeit werden entstehen und weitergesponnen. Hier wird eine neue Idee eingeführt, dort wird sie etabliert, am nächsten Punkt wird diese Idee mit einer anderen verknüpft. Politiker werden einander mehr besuchen, sich mehr austauschen. Einige werden sich gegen Neuerungen wehren und ihre alten Ideen weiterspinnen, sie werden dann allerdings bemerken, dass es nicht mehr so recht greift, dass sie oft allein da stehen. Die erwachte Gemeinschaft wird sie isolieren. Sie werden gestürzt, und die weißen Ritter im Hintergrund treten nach vorn mit neuen, ganzheitlichen Ideen, werden übernehmen und sich wiederum mit dem Netz verbinden. Dieses Netz wird mehr und mehr mit hohen Energien gespeist, sodass viele der Entscheidungsträger auf der Erde mit starken Intuitionen oder gechannelten Ideen und Werken „gefüttert" und weiter vernetzt werden. Letztlich können alle hartgesottenen Alte-Energie-Denker gar nicht anders, als sich dem neuen, lichtvollen Weg der Erde zu öffnen. Verstehe bitte richtig: Es ist keine Manipulation, die von den höheren Instanzen aus vorgenommen wird. Es ist wie ein neues Ideennetz von weiterentwickelten Wesen für ihre Nachbarn, die Hilfe brauchen. Man unterstützt uns mit dem weiteren Wissen, oder soll ich sagen, man hilft uns, das alte wahre Wissen auf eine neue Art wieder hereinzulassen. Die Fehler von damals sollen nicht noch einmal gemacht werden, das ist nicht mehr notwendig. Eine freie Entscheidung eines jeden Individuums, das beinhaltet der neue Weg der Erde, unterstützt von den liebevollen Geschwistern aus dem All, und das alles eingebettet in einen liebevollen Ruf aus der Ferne, aus der Zentrale allen Seins. Dieser Ruf ist betitelt: „Die alte Erde stirbt, es lebe die Neue Erde!"

Wirf nochmals einen Blick auf das Lichtnetz, das kristalline Netz der Erde. Das ist die wahre Regierung des neuen, des Goldenen Zeitalters. Keine große Macht wird irgendwo sitzen, kein Land wird mehr gegen andere Territorien Machtansprüche erheben können. Kein Machthaber wird allein herrschen und eventuell tyrannisch regieren, ohne höhere Sichtweise und mit alten Traditionen. Bitte missverstehe mich nicht, ich meine nicht, dass die alten Traditionen verschwinden müssen. Alte, gute Traditionen, wie das alte Wissen, die alten Heilweisen, das Wissen um die eigene Göttlichkeit, die werden weiter gelebt. Aber überlieferte Traditionen, die mit machtausübenden Herrschern zu tun haben, die Rolle der Frau und die des Mannes einengen und in einseitige Richtungen weisen, passen nicht mehr. Oder kannst du dir vorstellen, dass es noch Frauen geben wird, die beschnitten werden, oder Kinder, deren Füße in enge Schuhe gepresst werden, damit sie klein bleiben, oder junge Männer, die als Kindersoldaten auf ihre eigenen Verwandten schießen müssen. Unvorstellbar wird auch sein, dass der Mensch einen äußeren GOTT anbetet, einen, der machtvoll das Leben der Menschen bestimmt und der die Menschen bestraft und in die Hölle schickt. Das Bewusstsein der Menschen wird sich durch die Lichteinspeisung dieses Gitternetzes verändern. Es ist die wahre Globalisierung. Und manche Veränderungen geschehen ohne Worte. Sie sind plötzlich da. Sie kommen und setzen sich um. Diese wahre Globalisierung beinhaltet auch eine Vernetzung oder Verquickung von gewissen Umständen, wie plötzlich zum richtigen Zeitpunkt am richtigen Ort zu sein oder rein zufällig eine wichtige Person kennengelernt zu haben, die einem bei anstehenden Entscheidungen weiterhilft. Die wahre Globalisierung ist die lichtvolle Vernetzung aller Menschen auf dieser Erde. Und die Politiker, oder wie immer sie dann auch genannt werden, die Vernetzungspunkthaltenden, sie sind die Halter des Zepters der Göttlichen Regierung, die aus höheren Ebenen in tiefer Liebe die Schritte eines jeden Einzelnen über dieses Netz liebevoll unterstützen.

Helfen wir nun, diese lichtvollen Zepter zu stärken durch unseren Beitrag, indem wir uns klären und bewusst für dieses Netz öffnen. Dies ist wie eine kleine Hausaufgabe für dich: Vernetze dich, nimm Kontakt auf zu Chinas Knüpfpunkten, zu denen von Tibet und Südafrika oder denen der Mongolei. Siehe in inneren Bildern und fühle: Das ist wichtig, was dort geschieht. Wenn du dann inspiriert wirst, dein Licht zu senden, dann verbinde dich mit deinen Brüdern und Schwestern, öffne dein Herz und lass dein Licht dort erstrahlen. Es wird helfen, das Zepter aufrechter zu halten, damit die höheren Ideen empfangen werden und sich verbreiten können.

# Die nächsten Schritte der Menschheit und die DNS: Erbgut und interdimensionale Prägungen

Nachdem wir einen weiteren Blick in die Weltentwicklung und ihre Facetten genommen haben, gehen wir nun noch einmal einen Schritt näher an die Entwicklung des einzelnen Menschen heran.

Wenn du dich in deinem täglichen Leben beobachtest, wirst du an dir selbst feststellen, dass du intensivst durchgeschüttelt wirst von deinem Höheren Selbst. Es tickt immer wieder deine alten Prägungen an und gibt dir durch Erfahrungen die Möglichkeit, dieses Alte aufzulösen. Der Mensch, so sagt man, ist ein Gewohnheitstier und er geht immer den Weg, den er schon gegangen ist. Das tut er wie ein Hamster in seinem Rad. So haben es dem Menschen seine Eltern und die Ahnen und die lieben Nächsten in seinem Umfeld vorgelebt und tun das auch immer noch. Was man tut und zu lassen hat, ist dem Massenbewusstsein eingeprägt, wie alles, was je geschehen ist. Wenn das Eingefahrene im allgemeinen Verhalten überwiegt, wird dies zum Maß. So wird gewertet und geschaut, ob auch ja alles seinen vorgeschriebenen Weg geht und ob der Mensch ja nicht vom Pfade abweicht. Wollen wir einmal kritisch den Weg der Allgemeinheit betrachten, sehen wir, dass viele Hamster den gleichen Weg gehen und in der Tretmühle des Alltags verhaftet sind. Sie streben und streben und gehen da lang, wo auch die anderen lang gehen. Wenn du nun die Geschichte der Erde rückläufig betrachtest, so wie ich es kann, würdest du sehen, dass es Zeiten gab, zu denen das nicht so war. Die äußeren Mechanismen des Menschen waren nicht fremdbestimmt. Doch was hier und heute gelebt wird, ist eindeutig Fremdbestimmung. Der Mensch an sich lebt nicht nach eigenen Wünschen, weil er gar nicht weiß, was seine eigenen Wünsche sind. Er lebt die der anderen, die irgendwann irgendeine Instanz eingeführt hat. Das war früher eher die hohe Gemeinschaft der Sternenfamilie, die uns alle hierher sandte, die uns erschuf, zumindest unsere körperliche Hülle, um hier sein zu können. Sie kamen von weither und waren, ich spreche von den ersten der Pioniere, die die Erde besuchten, eng verwurzelt mit ihrer eigenen Tradition und Lebensweise, die sehr lichtvoll und weise war. Dort galt als oberste Priorität die allumfassende Liebe, die Liebe zu sich selbst und zu Allem-was-ist. Das Höhere Selbst war stets eng verbunden mit diesen Schöpfern, und so lebten sie auch hier auf der Erde und vermittelten es der Gemeinschaft, die sie aufbauten. Dieses alte Wissen, das sie prägte, war ein wundervolles Erbgut. Dies wiederum wurde von anderen, die hierher kamen, nicht unbedingt gelebt. Sie befanden sich noch nicht in diesen höheren Schwingungen und kamen hierher, um auszubeuten und zu manipulieren. Sie taten es mit den Wesen, deren Nachkommen heute hier Menschen genannt werden. Dies ist eine dunkle und nicht sehr bekannte Tatsache. Dir, der du dich schon länger mit den Themen der Neuen Erde beschäftigst, sind diese alten Themen vielleicht schon bekannt. Aber schau dir die Bevölkerung, ihre Quellen des Wissens an und ihre Art, sich anzupassen an dieses System. Sie wissen nicht, was und wer sie wirklich sind.

Die Veränderungen an dem Wesen Mensch, die vor langer Zeit geschahen, waren derart, dass an der DNS-Spirale, dem Schöpfermodul, das ein jeder in sich trägt, Einschränkungen vorgenommen wurden. Das diente dazu, das Bewusstsein der Menschen zu verringern. In den DNS-Strängen eines jeden Menschen befindet sich in den drei unteren Bereichen das Genmaterial. Das ist euren Wissenschaftlern wohl bekannt, es wird viel damit experimentiert. Zum einen, um die Menschheit von ihren Krankheiten zu befreien, vor allem jenen, die vom Erbgut her angelegt und durch die Mutter und ihre Vorfahren weitergegeben sind. Das ist so zu verstehen, dass jeder Mensch das Erbgut der Ahnen in sich trägt. Ob er will oder nicht, auch ob er es weiß oder nicht, es ist da, und es ist von vielen Umständen abhängig, ob es sich als Erbgutkrankheit manifestiert. Die äußeren Faktoren spielen dabei eine große Rolle. Wie du sicher weißt, hat ein jeder Mensch die Möglichkeit, sich frei für etwas zu entscheiden. Wenn ein Krankheitsbild auszubrechen droht, kann ein jeder Mensch durch geistige Arbeit den Grund für das Ausbrechen herausfinden. Denn keine Krankheit kommt zufällig. Jede Krankheit hat durch Erbgut zwar einen Samen in dem Menschen, wird aber durch Umweltfaktoren, familiäre und andere Faktoren aktiviert. Ein jeder kann selbst durch geistige Arbeit die seelische Grundursache einer Krankheit lösen. Das Außergewöhnliche an der jetzigen Zeit ist, dass die feinstofflichen Genspezialisten, die an dir arbeiten, dafür sorgen können, dass erbgutgeförderte Krankheitsbilder über alle Generationen hinweg, rückwärts und in die Zukunft gelöscht werden können. Damit setzt auch eine Heilung der schon hinübergegangenen Familienmitglieder ein. Sie erfahren Heilung, obwohl sie schon verstorben und vielleicht schon wiedergeboren sind und ein neues Leben mit diesen Prägungen leben. Ist das nicht phantastisch?

Du veränderst durch deine neue Lebensweise dein gesamtes Erbgut bis hinein in die tiefste Vergangenheit und die weitere Zukunft. Das ist neu und gab es noch nie. Das ist der neue, andere Weg der Erde und der Menschheit. Denk einen Moment darüber nach und stell dir vor, was das bedeutet. Keine Krankheit mehr, die mit Erbgut unterlegt ist. Keine latenten Krebszellen oder Erreger, die nur darauf warten, ausbrechen zu können, bis du das passende Bild zum Einklinken anbietest. Alle diese energetischen Verbindungen zur Vergangenheit und

Zukunft sind gelöst durch deine Transformation. Das ist es, was du jetzt erlebst. Wenn in deiner Familie Herzschäden waren oder deine letzten weiblichen Familienmitglieder an Brustkrebs erkrankten, kannst du dieses Muster durchbrechen.

Ich möchte dies gern nochmals kurz zusammenfassen: Durch deinen Weg der Bewusstwerdung in dieser Zeit, deinen Weg des Klärens und Erkennens erlangst du ganzheitliche Heilung. Heilung beginnt, wenn die energetisch gespeicherten Voraussetzungen gelöscht sind. Welche Themen du auch immer auflöst, sie müssen sich nicht durch mit ihnen verbundene gespeicherte Krankheitsmuster ausdrücken und dann gehen. Du kannst sie sozusagen im Keime erlösen. Das ist die große Arbeit der Gentechniker, über dich ich vorhin sprach. Sie sind die großen Heiler, die ganzheitlich in dein Feld schauen und dir Stück für Stück deine alten Prägungen entnehmen und neutralisieren, damit du in deine Freiheit gehen kannst. Darum geschehen neuerdings auch viele Spontanheilungen. Du gehst in diesen Krankheitsprozess und gleitest in alte Schienen, und die Gentechniker und wir lassen dich an diesem Thema erlösend arbeiten, du erkennst, und dann wird es auf höherer Ebene gelöscht. Diese Heilung des gespeicherten DNS-Erbguts ist ein längerer Prozess, in dem du dich jetzt befindest. Du darfst dich also zurücklehnen und dir bewusst machen, dass dir der Krebsbefund deiner Mutter nicht mehr schaden muss.

Wenn du diese Information nun ganz langsam durchdenkst und erlaubst, dass sie sich ausdehnen kann in deinem Geist, dann erkennst du, dass so die vielen Krankheiten auf der Erde letztendlich geheilt werden. Dies wird nicht über die Medikamente geschehen, die viele Menschen so sehnlichst erhoffen. Es geht von jedem Menschen selbst aus. Jeder bestimmt, ob die Krankheit fassen kann oder nicht. Durch einen geklärten DNS- Bereich in den unteren Schichten und durch das Loslassen der Prägungen wird ein neutrales Feld geschaffen, und damit wird sich die Freiheit eines jeden langsam offenbaren. Verstehe bitte, das ist wirklich ein Prozess, der bei jedem Einzelnen beginnt. Jeder hat damit die Chance, sich selbst in die ganzheitliche Heilung und die so wichtige Eigenverantwortung zu bringen und doch gleichzeitig viel für andere zu tun.

Die restlichen DNS-Stränge sind grundsätzlich interdimensional. Sie enthalten Informationen deiner höheren Anteile und solche, die die Erde an sich und das Sonnensystem betreffen. Denn, stell dir vor, du hast ja auch Erlebnisse in den höheren Dimensionen. Das ist alles energetisch in deiner DNS gespeichert. Es wird von zwölf Strängen gesprochen. Eine mathematische Komponente, mit der in diesem Sonnensystem gearbeitet wird. Von den zwölf Strängen sind drei mit deiner Genetik verbunden. Die gesamten DNS-Stränge wurden vor langer Zeit von außerirdischen Besuchern auf zehn reduziert. Das diente ihren eigenen Interessen und war damit verbunden, dass sie sich die Menschen untertan machten. Das ist eine lange Geschichte, die ich hier nicht ausführlich behandeln möchte. All das Wissen darüber ist auch in dir gespeichert, allerdings nicht in allen heute lebenden Menschen bewusst vernetzt. Deine Genspezialisten sind nun dabei, die reduzierte DNS wieder zu aktivieren auf insgesamt zwölf; die zwei, die sozusagen lahmgelegt worden waren, vernetzen sie wieder. Das bedeutet, dass du Zugriff auf alle Informationen hast, die es über Erde, Menschheit und Sonnensystem gibt. Das bringt auch mit sich, dass du einen Schritt zurücktreten wirst und dir langsam bewusst machst, wer du wirklich bist. Die Tretmühlen der Allgemeinheit, das hamsterähnliche Dasein – zugegeben, ich hab das ein bisschen drastisch beschrieben, aber ist entspricht doch der Wahrheit – wird von dir als solches erkannt. Du wirst schmunzeln und vielleicht auch etwas wütend darüber sein, was und wer dein Leben bisher gelenkt und geformt hat. Die Veränderung der DNS, deine eigene Erkenntnis über deine bisherige Lebensweise und deren Prägungen sowie dein Mut, neue Wege zu beschreiten, können dein Leben auf eine völlig neue Ebene anheben. Du musst es nur wollen.

Die DNS des Menschen ist ein komplexes System aus verschiedenen Säuren und Molekülen und anderen Bausteinen, die mit der Grundsubstanz deines Seins zu tun hat. Diese DNS formt dein Leben, sie ist der Grundstein der Schöpfung, die du bist. Wenn nun eine Veränderung, eine Erweiterung, eine Entzerrung dieser ursprünglichen

Veränderung geschieht, ist das der Weg der Menschheit in die Freiheit. Wenn ein jeder Mensch beginnt, sich für den neuen Weg der Erde zu entscheiden, und das ist ein langer Prozess, verändern sich auch die Welt und ihre Voraussetzungen. Wenn die Menschen erkennen, dass sie nicht mehr diktiert bekommen möchten, wie sie zu leben und zu sein haben, dann gibt es einen Umschwung aller Voraussetzungen hier auf der Erde. Würden sich die Menschen nicht mehr von der Werbung diktieren lassen, wie sie aussehen sollen, verändern sich ihre Lebensziele. Keiner würde sich schämen, zwanzig Pfund zu viel auf der Waage zu haben. Es wäre in Ordnung. Es wäre akzeptiert und nichts, wofür man sich schämen müsste. Wäre der Mensch neutral in seinen Handlungen, gäbe es nur noch gesundes Essen auf der Erde. Keiner würde Gemüsesorten züchten, um effektiver zu verdienen, die Erde würde nicht mit Pestiziden verseucht. Glaube mir, auf die Idee käme gar keiner mehr.

Es mag sich nicht sehr schön anhören, aber im Moment haben die meisten Menschen keinen freien Willen, sie tragen keine Verantwortung für ihr Leben. Sie leben nach den vorgegebenen Lebensphilosophien und geben sich ihnen hin, weil sie nicht lernten, sie in Frage zu stellen. Das genetische Material hat es ihnen schwer gemacht, sich dagegenzustellen und das Leben eigenständig zu erobern und zu gestalten.

Bis die DNS-Stränge wieder alle optimal ausgerichtet und vernetzt sind, werden noch einige Jahre ins Land gehen. Aber allein die Information, das Wissen darum, hilft dir selbst, dir dessen bewusst zu sein. Damit unterstützt du die Arbeit deiner Helfer. Ist es nicht wunderbar, mit so vielen lieben Wesen so zu kooperieren? Du kannst sie zwar nicht sehen, aber fühlen kannst du sie. Wie wär's mit einem kleinen Experiment? Bitte im Geiste darum, deine Helfer und Unterstützer mögen sich durch eine körperliche Erkennbarkeit mit dir in Verbindung setzen. Spürst du sie? Vielleicht durch ein leichtes Zucken im Arm oder ein Kribbeln in der Nase oder ein Piepen im Ohr oder einem weiten Gefühl in deinem Herzen.

Du bist nie allein, das warst du sowieso nie. Aber jetzt bist du von vielen umringt, die dir helfen wollen, aus der verworrenen Uneigenständigkeit auszusteigen. Wenn du dich jetzt in dieser Zeit etwas müde und irritiert fühlst, ist das ein Zeichen dafür, dass die Helfer viel an dir arbeiten. Sie sortieren wahrscheinlich deine neuen Erkenntnisse von den alten Wahrheiten aus, die du als solche hinnahmst. Die brauchst du jetzt nicht mehr. Du gehst in die Freiheit.

Die DNS zu beschreiben, ist etwas sehr Komplexes. Wenn du dich da näher informieren willst, gehe in eine Buchhandlung und bitte mich, ich möge dich führen. Ich gebe mir Mühe, dir etwas Passendes in die Hand zu spielen. Noch besser wäre es, du lernst, mit mir Kontakt aufzunehmen, dann könnte ich es dir direkt vermitteln. Na, hast du Lust, mit mir die Schulbank zu drücken?

# Das Gotteslicht in jedem Menschen und wie es erweckt wird

Der Weg des Menschen auf der Erde, oder sprechen wir besser von dem seiner Evolution, besteht darin, sich immer mehr mit seinen höheren Anteilen, dem eigenen Gotteslicht, zu verbinden. Wir wollen das ein bisschen entwicklungsmäßig und die Erde selbst betreffend beleuchten. Es gibt diesen bekannten ca. 26.000 Jahre-Rhythmus, den die Erde durchläuft. Das ist ein Zeitplan, ein Kalender, der mit vielen anderen Zyklen des Sonnensystems und der Galaxie verbunden ist. Das bedeutet für die Spezies Mensch die Entwicklung von einem unbewussten zu einem bewussten Wesen. Ein solcher Zyklus ist nun beendet, und das bedeutet, eine Veränderung der Evolution steht an. Gehen wir davon aus, dass die Erde sich dieses Mal noch weiter entwickelt. Es wird keinen Neuanfang in der Unbewusstheit geben. Am Ende eines Zyklus' oder während der letzten Phasen war es für die Menschen möglich, sich ihrer selbst bewusst zu sein, mit ihrem Höheren Selbst zu verschmelzen und den Kreislauf der Erdinkarnationen zu verlassen. Der Weg führte in die Ebene der fünften und sechsten Dimension mit dem Wunsch, entweder ein Aufgestiegener

Meister zu werden oder einen weiteren, oft auch ganz anderen Weg einzuschlagen.

Das bedeutet generell, dass die Entwicklung eines Menschen gewissen äußerlichen Vorgaben unterliegt. Was nicht mit sich bringt, dass ein jeder Mensch nicht immer auch die Möglichkeit hatte, egal, zu welchem Stand des Zykluses er inkarnierte, sich sofort aus dem Kreislauf der Erdenleben herauszubegeben. Es gab sogar Menschen, die nur einen Lebenszyklus hinter sich brachten und nie wiederkamen. Sie hatten in einer Inkarnation ihr Ziel erreicht, sie waren sich ihrer selbst bewusst geworden. Es ist das, was ihr den Blick ins Nirwana nennt. Sie hatten diesen Einblick sehr schnell in einem lichten Erkenntnismoment. Was ich damit sagen will, ist, dass es keine Vorgaben gibt, wie lange ein Mensch hier in der Erddualität zu verweilen hat. Er bestimmt es selbst. Ist das nicht interessant? Du hast vielleicht gedacht, dass es von außen her bestimmt ist, wie dein Leben verläuft.

In den Anfängen des Lebens auf der Erde war sich ein jeder seiner selbst bewusst. Später, als die Manipulationen geschahen, waren die meisten Menschen avon überzeugt, dass die Gäste, die die Erde besuchten, ihre Götter waren, weil sie so große Wunder vollbrachten. Anders konnten sie sich deren Wissen nicht erklären, und deshalb lauschten sie andächtig ihrem Wissen und folgten ihren Anweisungen. Die Religionsführer, die ihre Thesen übrigens gechannelt bekamen, hatten die reinen Vorgaben und Informationen aus den höheren Ebenen und predigten, dass in jedem Menschen ein göttlicher Kern sei und dass der Mensch hier sei, um Erfahrungen zu machen, so lange, bis er erkannt hat, wer er wirklich ist. Später jedoch verwässerten sich die Aussagen durch das viele mündliche Überliefern, dann auch durch das viele Ab- und Umschreiben und die ganz gezielten Veränderungen, die es gab.

Schaut man heute in die großen Schriften, ist vieles nicht mehr so, wie es ursprünglich durchgegeben wurde. Manchmal werden die Worte von ihren Predigern auch anders gedeutet und ausgelegt; die Menschen glauben dies und übernehmen es. Im Islam wird das ganz deutlich, die Menschen haben verschiedene Arten der Auslegung der Worte Mohammeds. Im Christentum sind ganze Passagen von den Urtexten entfernt worden. Doch über die Bibel zu sprechen, würde einige Bücher füllen, denn was ist die jetzige Bibel eigentlich? Entspricht sie den wahren Worten, die von den Aposteln empfangen wurden? Wer waren die Apostel? Wann und wie gaben sie diese Erkenntnisse weiter und entsprechen sie der Wahrheit? Die Qumran-Rollen – einige von ihnen sind noch nicht entdeckt – geben Aufschluss darüber. Es liegen auch im Vatikan einige Schriften, die anderes bezeugen als das, was in der heutigen Bibel angeboten wird. Immer noch leben viele Millionen Menschen nach den Worten einer Religion. Es ist wirklich an der Zeit, dass sich der Mensch tief in sich hinein begibt, um dort den göttlichen Kern zu entdecken und nicht fremden Worten zu lauschen, die gepredigt werden und die von einem getrennten Gott sprechen. Ein jeder *ist* GOTT, alles ist GOTT. GOTT ist kein großes, hohes Wesen, das irgendwo abgespalten von allem sitzt und die Welten regiert. GOTT ist ein Begriff für eine überall gegenwärtige Intelligenz, er ist der Geist, der alles ist. Und so ist er auch du. Du bist auch GOTT, wir alle sind es. Ich darf euch versichern, dass in den nächsten Jahren alle Religionsgemeinschaften starke Veränderungen erfahren werden. Es geschehen Dinge und offenbaren sich Erkenntnisse, auch durch alte Schriften, die freigegeben oder entwendet und ohne Wissen ihrer Hüter offenbart werden. Somit tauchen viele Fragen und Unsicherheiten auf. Eine Woge der Auflehnung und des Erschreckens wird durch die Menschen gehen, und sie werden viele Fragen stellen und kaum Antworten bekommen. Dann sind Menschen nötig, die diese Fragen beantworten können und den Suchenden Halt geben. Du kannst dir sicher denken, wer das tun wird: Die Weißen Ritter werden bereit sein, die Fragen zu beantworten und Sicherheit zu geben. Sie werden den Menschen helfen, den eigenen GOTT in sich zu finden und anzunehmen.

„Wie findet man nun den GOTT in sich selbst?" werden viele fragen. Das ist in der heutigen Zeit sehr viel einfacher als in früheren Tagen. Die hohe Energie, die immer mehr auf die Erde strömt, die von hohen Wesenheiten hierher gelenkt wird, erlaubt es euch, immer stärker die

163

göttliche Kraft in euch zu spüren. Das beginnt mit dem eigenen Atem. Wenn du tief und bewusst atmest, kannst du eine hohe Schwingung einatmen. Das spürst du, indem dir vielleicht ein bisschen schwindelig wird oder du lachen musst, weil es fast ein bisschen kitzelt. Dieser Atem hat die kristallinen Partikel der göttlichen Energie in sich, stärker als je zuvor. Wer gezielt atmet, schafft Kontakt zu den hohen Energien Gottes, er nimmt Kontakt zum göttlichen Teppich auf, der alles beinhaltet und mit allem verwoben ist. Ich empfehle gern, dass der Mensch in die Stille geht. Suche dir einen stillen Platz und nimm dir Zeit. Atme eine Weile tief und spüre, wie die Gedanken zur Ruhe kommen, und dann nimm Kontakt zu deinem Herzen auf. Lausche in das Herz hinein. Was jetzt geschieht, ist bei jedem Menschen anders. Vielleicht spürst du eine wunderbare Ruhe und Gelassenheit in dir, vielleicht hörst du einen leisen, wunderbaren Gesang, man spricht da von den himmlischen Gesängen. Es sind die Gesänge der hochschwingenden Engel, die dir geschenkt werden. Sie beinhalten hohe Frequenzen, die heilerische Wirkung haben. Du wirst dich wunderbar fühlen und denken, du wärest wahrlich in himmlischen Sphären. Vielleicht hörst du eine zaghafte Stimme, die dir zuflüstert: „Willkommen im Reich der Liebe. Ich bin du und du bist ich. Ich reiche dir die Hand für eine göttliche Vereinigung. Vertraue mir, ich komme nun immer näher in deine irdischen Bereiche." Vertraue diesen Worten, denn es ist die Stimme deines

Höheren Selbstes, deines Göttlichen Kerns. So kannst du in Kontakt treten mit deinem Höheren Selbst.

Und vergiss nicht, ich bin ja auch noch da. Du bist in meinen Schwingungsteppich verwoben, wenn du wie jetzt mit mir in Verbindung bist. Ich werde dir selbstverständlich behilflich sein, diesen Weg der Vereinigung mit deinen höheren Anteilen zu beschreiten. Nimm dir Zeit für diese Übungen. Vielleicht wählst du auch eine gesprochene Anleitung für eine geistige Reise, bei der du dein Höheres Selbst treffen kannst. Es gibt heute viele Möglichkeiten, diese göttliche Reise anzutreten. Ich helfe dir gern.

Was du wissen musst, ist, dass diese Vermählung mit dem Höheren Selbst ein Prozess ist. Das ist nichts, was sofort geschieht und sofort beständig erfassbar ist. Eigentlich, dessen darfst du dir sicher sein, bist du immer verbunden mit deinem Höheren Selbst. Es war immer da, nie fort. Nur hast du diese Verbindung nicht bewusst gepflegt, ihr habt nur wie entfernte Verwandte Kontakt gehabt. Ab und zu war eine Verbindung da. Immer dann, wenn du mit dir selbst sehr zufrieden warst und Glücksgefühle hattest oder wenn Inspirationen plötzlich kamen und du ganz klar wusstest, was zu tun ist. Das waren auch die Situationen, in denen du etwas aus deinem Bauchgefühl heraus getan hast. Wenn du tief im Gefühl warst oder in dein Herz geschaut hast, dann wusstest du bei wichtigen Entscheidungen auf einmal, was zu tun ist. Das fühlte sich alles sehr gut an und war genau richtig. Wenn du dann doch aus dem Verstand heraus eine andere Entscheidung getroffen hast, erkanntest du meist bald, dass es die falsche war. In solchen Momenten warst du eng mit deinem göttlichen Kern verbunden. Da wart ihr ein Paar. Mit ihm zu verschmelzen, das ist das Ziel eines jeden Menschen, allezeit und immerdar. Jetzt ist der kosmische Moment gekommen, in dem viele Menschen spüren, dass ihr Leben sich verändern muss. Sie bemerken, das kann nicht alles gewesen sein, was und wie sie bisher ihr Leben lebten. Es fühlt sich manchmal so an, als klopfe das Höhere Selbst an eine Tür, um Einlass zu erbitten. „Ich bin da, öffne dich, wir wollen den weiteren Lebensweg gemeinsam gehen. Du bist nicht allein, ich bin da und helfe dir, deine Entscheidungen von einer höheren Warte aus zu treffen, und wisse, dann sind es göttliche Entscheidungen."

Wie bei allen Dingen im Leben, die man gern hätte, die aber etwas schwer zu erreichen erscheinen, gilt für die Verbindung zum Höheren Selbst: immer wieder versuchen, in diesen Kontakt zu kommen. Da ist deine Kooperation gefragt und dein Erfindungsgeist. Stelle Fragen in die Stille, erbitte die Führung. Deshalb verstehst du nun vielleicht, warum ich rate, oft mit sich allein und in der Stille zu sein. Nur so kommt man in diese Verbindung hinein. Diese leise, zarte Stimme und diese leichte, wundervolle Energie deines Höheren Selbstes ist in dir, sie ist nicht irgendwo im Außen. Du bestimmst selbst, wie du diese Vermählung, so will ich sie gern nennen, gestaltest. Auch im Alltag ist es immer da. Die Kunst ist wahrlich, sich alle nur erdenklichen Gelegenheiten zu erschaffen, um diese Kraft in den Alltag zu lenken. Du musst auch deine geschäftlichen Entscheidungen nicht allein fällen. Dein göttlicher Kern ist immer da und freut sich, wenn du deine Entscheidungen ganzheitlich triffst mit den Eingebungen, die er dir schenkt. Bedenke, wenn du die ganzheitlichen Entscheidungen fällst, die andere mit betreffen, deine Mitarbeiter zum Beispiel, deine Freunde, dann ist das *die* Veränderung, von der wir die ganze Zeit hier sprechen: Du als Einzelner veränderst deine persönliche Art zu leben durch die Verbindung und Vermählung mit deinem Höheren Selbst. Es wird dir zuflüstern, was wo wann zu tun ist. Es wird dich auch immer mehr unbewusst lenken und die Dinge in dein Leben ziehen, die du brauchst oder ersehnst. Bedenke, mit dieser Verbindung und Vermählung veränderst du deine Schwingung. Du ziehst dann das in dein Leben, was mit dir resoniert. Das werden die passende Wohnung, der geliebte Partner, die ersehnte Arbeit, das notwendige Gefährt und anderes sein. Du wirst durch die höhere Schwingung aus deiner alten Schwingung herausgehoben, dadurch verändert sich auch dein Denken, deine alten Muster brechen auf und lösen sich, du wirst wahrlich durchlichtet und erlebst dies wie eine Reise auf sanften Sohlen. Du wirst auch bemerken, dass du manche Dinge wie in Trance tust, du bist so gut verbunden, dass du einiges wie unbewusst erledigst. Du bist in dieser hohen

Schwingung, die dich sanft führt. Was nicht bedeutet, dass du das Leben nicht mehr wahrnimmst, im Gegenteil, vieles wird klarer und dennoch bunter. Du wirst die Natur intensiver erleben, weil du vielleicht durch diese Verbindung und Vermählung eine andere Sicht bekommst, du wirst Elfen und Feen erkennen und mit ihnen kommunizieren können. Du wirst auch in andere Zeitschienen schauen können, die gleichzeitig mit dir am selben Ort existieren. Aber hab keine Angst, du bist geschützt und es wird nur so geschehen, wie du es verkraftest. Das ist auch der Unterschied zwischen früheren Experimenten, auch in anderen Leben, in denen du mit den geistigen Ebenen neugierig experimentiertest, woraus vielleicht noch Traumata resultieren. Nicht wenige Menschen ertranken dann in den geistigen Dimensionen, konnten nicht mehr unterscheiden und galten im äußeren Leben als geistig verwirrt. Du bist gelenkt und in großer Liebe unterstützt, weil diese deine Entwicklung nun zum allgemeinen Erwachen der Menschheit gehört, verbunden mit der wunderbaren Mutter Erde.

Ich halte bei allen deinen Versuchen, mit deinem göttlichen Kern in Verbindung zu treten, deine Hand. Und wenn ich immer von Vermählung spreche, dann ist das wirklich so zu verstehen. Du wirst dich erst einmal mit deiner eigenen inneren männlichen oder weiblichen Seite vereinigen, das wird auch die Kymische Hochzeit genannt. In allem gibt es die Dualität, das Männliche und das Weibliche, so auch in dir selbst. Das ist der erste Schritt auf deinem

168

Weg der göttlichen Verbindung. Das geschieht wie von selbst, dafür brauchst du nichts Besonderes zu tun, das erlebst du, wenn du bestimmte Entwicklungsschritte getan hast. Du wirst es vielleicht durch eine starke und tiefe Gefühlswallung bemerken, oft geschieht das auch im Traum. Oder du erlebst es in einer Meditation. Oder dein Höheres Selbst teilt es dir mit. Du wirst es nicht übersehen können, das verspreche ich dir. Dann ist der nächste Schritt, und das ist es, was hier auf der Erde mit vielen Menschen geschieht: Das Höhere Selbst verbindet sich immer mehr mit dir. Es schlüpft immer weiter in dich hinein und übernimmt in Liebe die Führung. Auch das wirst du nicht übersehen können. Du wirst es bemerken. Vielleicht stellst du fest, dass du Wege gehst, die du eigentlich gar nicht gehen wolltest, die sich aber dann doch als genau die richtigen herausstellen. Oder es spricht durch dich. Du bist in einem Gespräch und sagst plötzlich Sätze, die du gar nicht geplant hattest, und das Gespräch nimmt eine andere Wendung, ganz zum Wohle aller. Dann hat dein Höheres Selbst das Zepter übernommen. Ich verspreche dir, diese Reise, dieser Prozess ist voller Wunder, genieße es!

# Die Wachablösung der großen Hüter der Erde und was sonst noch geschieht

In den vorhergehenden Kapiteln haben wir den Weg der Erde und der Menschheit beleuchtet. Ich habe euch inniglich und mit großer Freude den Weg zu eurem göttlichen Kern beschrieben, ihn euch ans Herz gelegt und den Pfad dorthin geebnet. Mit sich selbst und der göttlichen Energie eng verbunden zu sein, ist wichtiger denn je in dieser turbulenten Wandelzeit der Erde. Was wäre besser als, wenn es im Außen tost und brodelt, Halt im eigenen Sein zu suchen und zu finden? Diese nahende große Unruhe auf der Erde ist spürbar, nicht wahr? Es ist daher ratsam, in sich selbst einen stabilen Anker zu haben, der einen jeden von euch das Vertrauen gibt, dass alles gut so ist, wie es ist. Nichts, was im eigenen Leben geschieht, ist zufällig. Je mehr du dich in dir verankerst, desto leichter wirst du die Hürden im äußeren Alltag nehmen, weil dein höherer Kern dich immer da hinführen wird, wo es gut für dich ist. Mag es manchmal auf den ersten Blick, der nicht ganzheitlich von dir geworfen wird, so ist, auch so aussehen, als wäre nichts richtig. Vielleicht erkennst du erst auf den zweiten Blick, was dein göttlicher Kern dir in

Wahrheit anbietet. Aber sei dir sicher: Für dich ist immer gesorgt.

Du bist ein Zeitreisender, der unterwegs ist auf einer großen Reise durch die materielle Ebene, und irgendwann wird deine Reise zu Ende sein. Du kehrst zurück in höhere Welten, um dort weiter deinen Weg zu verfolgen. Das ist sehr vielfältig und mit dem menschlichen Verstand nicht einzuordnen. Erkenne deinen lichtvollen Kern, der auf anderen Ebenen in voller Größe seinen Dienst erweist, und wer weiß, welche Aufgaben du dort in deinen Händen trägst. Einige, die dies lesen, sind Anteile von Aufgestiegenen Meistern, die diese aussandten, um noch direkter auf der Erde wirken zu können. Vielleicht bist du ein Anteil von mir? Das ist so zu verstehen, dass ich in dir zu dem Wesen, das du bist, noch einen Anteil, einen kleinen Strahl von mir dazugegeben habe. Selbstverständlich haben wir dies auf der anderen Seite des Schleiers besprochen. Ich habe dich um Erlaubnis gefragt, und du hast zugestimmt, der Erde auf diese Weise zu dienen. Sind wir nicht ein tolles Team?

Wir sprachen eingangs darüber, dass einige hohe Wesen die Erde und den dualistischen Plan mit ihrem Bewusstsein halten. Wir können auch sagen, dass sie sich bewusst sind, dass wir alle ein Teil von ihnen sind. Sie können sich jederzeit in das Wirken des Planeten einklinken und auch Veränderungen des Planes vornehmen und das morphogenetische Feld verändern. Dies wird immer nur zum Wohle der

Erde und der Menschheit geschehen. Das gilt übrigens auch für die Hüter der anderen Planeten, die diese mit ihrem Bewusstsein, ihrem Geist halten. In allen Bereichen geschieht eine Veränderung. Was nun die Erde anbelangt, stell dir vor, dass viele unterschiedliche Wesen an dem Spiel Erde beteiligt sind. Die Elementarwesen, die Elemente arbeiten mit der Erde, erfüllen bestimmte Funktionen. Zu den unterschiedlichen Frequenzen und Zeitschienen der Erde gibt es Tore, Einstiegsschneisen, die bewacht und gehütet werden. All diese Funktionen – und die Ausübenden daran – werden ihren Dienst verändern oder ganz einstellen. Wenn die Erde mit ihren Zeitschienen verschmilzt und zu einem neuen Ganzen wird, dann sind einige Tore nicht mehr haltbar und werden überflüssig. Andere Wesen zum Beispiel, ich erwähne ihren Namen, weil einige von euch mit ihnen gut vertraut sind, die Og Min, stellen den Dienst, die Alten dieser Erde zu sein, ein. Sie sind ein von weither gereistes Volk, das seine Aufgabe darin sieht, gewisse Frequenzen, die im fünfdimensionalen Bereich verankert sind, zu halten und auf die Erde zu lenken. Sie hüten altes Wissen und geben das gern an interessierte Menschen weiter. Das tun sie seit unendlich langer Zeit. Ihr Sitz ist in einer Energiefalte oberhalb des Himalaja. Sie reisen weiter, wenn die wichtigen Veränderungen auf der Erde geschehen sind. Viele Sternenforschergruppen, die auch in gewissen fünfdimensionalen Forscherlagern ihre Posten bezogen, sind mit ihrer Arbeit bald fertig und verlassen ebenfalls ihren Platz, um woanders weiter zu dienen. Die außerirdischen Freunde, die ihr Dasein lichtvoll für die Erde zu Verfügung stellen, sehen dies als einen Liebesdienst an ihren unwissenden Geschwistern. Sie wissen, wer du bist, nur du kannst dich daran nicht erinnern. Die meisten Elementarwesen und die Pflanzengeister werden die Erde verlassen. Nur ein paar wenige, die eine bestimmte Aufgabe übernehmen werden, bleiben hier. Viele Tier- und Pflanzenarten sind am Ende ihres Entwicklungsplanes für die Erde angekommen und gehen. Aber neue Arten werden die Erde erobern und ihren Dienst beginnen. Auch die Funktion von Gaia wird neu besetzt, so könnte man es nennen, eine höhere Wesenheit schlüpft in die Haut dieses Planeten, der seine Neugeburt bald feiern wird.

Lasst mich euch vermitteln, dass wir Aufgestiegenen Meister sehr eng mit euch verbunden sind, denn wir waren so wie ihr. Eigentlich sind wir noch so wie ihr mit einem gewissen Anteil unseres Seins, denn wir sind nicht getrennt von euch, sondern eigentlich alle eins. Die meisten von uns Aufgestiegenen Meistern werden bei einer gewissen Aufstiegsfrequenz, wenn ein ganz bestimmter Punkt der Vereinigung von Altem und Neuen erreicht ist, die Erde verlassen und weitere Wege beschreiten. Glaubt nicht, wenn man in unseren Frequenzen lebt, sei der große Himmel erreicht. Wir halten Ausschau nach weiteren Herausforderungen und neuen Ebenen, wo wir dienen, uns erweitern und uns mit der Göttlichen Hierarchie vereinigen können.

Es geht doch immer weiter, nichts bleibt stehen. Irgendwann sind wir wieder alle vereint im Göttlichen Großen Kern, in der Quelle der Einheit. Doch bis dahin ist noch ein weiter Weg. Auch wir wissen nicht alles, wir lernen immer dazu. Wir werden auf eine andere Art ebenfalls von höheren Wesen betreut, die uns vermitteln, was zu tun ist, um das Bewusstsein für die nächsten Erfahrungen weiter zu öffnen.

Einige von uns werden bei euch bleiben und den Weg der Erde weiter verfolgen und die Menschen in Liebe begleiten. Ab einer bestimmten Frequenzerhöhung werden wir offen unter euch weilen und mit euch gemeinsam den Weg beschreiten. Es ist uns zwar in einem größeren Maße als euch möglich, innerhalb unseres Territoriums zu reisen, aber meistens sind wir mit euch. Das wird sicher eine sehr spannende Zeit sein. Wenn ich nur daran denke, welche fundamentalen Erfindungen euch zur Verfügung stehen werden, glüht mein Herz vor Freude. Die neue Erde zu bewohnen und in Liebe mit ihr gemeinsam ein neues Leben aufzubauen, ist wahre Pionierarbeit. Und das gemeinsam mit euch zu tun, darauf freue ich mich schon sehr.

Du würdest gern mehr über die neue Erde und das Leben dann wissen? Das wirst du, geliebter Leser, sei dir sicher. Es wird dir selbst immer bewusster, dass du in der Nacht und auch jetzt während des Tages mit einem Teil schon auf der neuen Erde bist und dort Pionierarbeit leistest.

174

Es ist dir nur nicht bewusst. Du kannst es nicht in dein Tagesbewusstsein holen. Viele von euch gehen abends früh zu Bett und schlafen tief und fest, um dann morgens nach langem Schlaf etwas erschöpft aufzuwachen. Kein Wunder, dass es so ist. Du bist unterwegs in Sachen Neue Erde. Du lebst ein Doppelleben im Moment, du lebst zweigleisig, manchmal sogar vielgleisig. Einerseits webst du mit an dem neuen Kleid der Erde, und andererseits hilfst du auch, die erdnahen Seelen in neutrale Bereiche zu führen. Es ist wirklich kein Wunder, dass du oft müde bist und dich schwer fühlst. Verstehst du nun, warum wir euch alte Seelen Pioniere nennen? Ihr seid die, die grundlegende Veränderungen unterstützen und einleiten. Ihr seid im äußeren Leben hier auf der Erde vielleicht sogar recht unscheinbare Menschen und nicht unbedingt die, die wichtig erscheinende Positionen bekleiden. Ihr arbeitet inkognito und ich bin die unscheinbare Graue Eminenz im Hintergrund. Welch wundervolle Aufgabe ich da habe! Es ist mir eine Ehre, dein Diener zu sein!

# Liebe ist nicht nur ein Wort

Meine lieben Freunde, wir haben nun einander eine ganze Weile begleitet. Ich habe dich in mein weites Feld eingeladen, um dir noch ein bisschen mehr von der wahren Welt zu zeigen. Die Worte, die hier auf dem Papier zu lesen waren, sind gespickt mit vielen lichtvollen Schätzen, die du mit dem irdischen Auge nicht erkennen , wohl aber spüren und fühlen kannst. Wer fühlt, hat eine höhere Sichtweise. In dem Gefühl, dem wahren, tiefen Gefühl, ist der Funke Gottes verankert, der immer wieder auf seine eigene Weise versucht, dir den Weg zu ihm zurück zu weisen. Manchmal hörst du nicht auf dein Gefühl, dann hat dein irdischer, leicht manipulierbarer Verstand die Führung übernommen. Aber tief in dir ruht deine göttliche Wahrheit und Weisheit, und ich habe mir erlaubt, dich ein Stückchen näher dorthin zu geleiten. Möge die hohe Präsenz Gottes immer mehr dein irdisches Leben übernehmen, weil dein Leben dann viel klarer und leichter wird. Du musst keinen Schritt allein gehen, du kannst dich von deiner hohen Elternschaft liebevoll leiten lassen.

Zum Abschluss dieser unserer gemeinsamen kleinen Reise in die Weite des Seins möchte ich gern das Wort Liebe mit dir betrachten. Was ist Liebe? Dieses Wort hat viel gelitten im Laufe der letzten Jahrtausende; es musste für vieles herhalten, was in seinem Namen geschah. Im Namen der Liebe geschah der Untergang von Lemurien und Atlantis. Man experimentierte mit der göttlichen Urkraft, deren Hauptbestandteil diese hohe Liebeskraft ist. Man wollte mit ihr den Himmel auf die Erde holen und vergaß dabei die Kraft der Dualität. Diese Kraft war nicht ausgeglichen, sie tendierte zu keiner ganzheitlichen Wunschidee, sondern wollte, nicht mit dem Herzen und tief im Gefühl verwurzelt, diese Kraft erobern. Das ging schief.

Im Namen der Liebe erzogen und erziehen Eltern ihre Kinder und vergessen dabei, dass sie selbst oft noch auf der Suche nach dieser göttlichen hohen Schwingung sind, und sie lassen eher Ungeduld und Mangel an Liebe im Umgang mit den Seelen, denen sie den Weg auf die Erde ermöglichen, walten.

Im Namen der Liebe treffen sich immer wieder Seelen, wenn sie auf der Suche nach ihrem eigenen abgespaltenen Anteil sind, indem sie jemandem versichern: „Ich liebe dich." Sie suchen sich selbst in dem anderen, sehen in ihm den verlorenen Anteil und werden oft enttäuscht, weil sie nicht erkannt haben, wo diese Liebe wirklich ist und warum es auf diese Weise nicht funktionieren kann.

In dem eigenen Selbst wohnt der göttliche Kern, er ist nicht in männlich und weiblich getrennt, er ist ganzheitlich. Wenn ein Mensch jemanden zärtlich anschaut und

177

ein Sehnen in der Brust oder ein Ziehen im Bauch ihm vermittelt: „Dich hab ich lieb, mit dir möchte ich mein Leben verbringen. Wir werden eine schöne Zeit haben, eine Familie gründen und uns ehren und achten bis dass der Tod uns scheidet", dann ist das in dem Moment sicher auch so gemeint. Doch mit der Zeit wird dieses Gefühl oft von dualistischen Erfahrungen verdeckt. Die Sorgen des Alltags überlagern das Gefühl der vermeintlichen Einheit, und der Mensch erkennt auch Mängel an dem geliebten Wesen. Das passt nicht in das gewünschte Bild.

Worauf ich hinaus will ist, dass der Mensch oft das Äußerliche eines Wesens gern hat und nicht den wahren göttlichen Kern. Der schimmerte in der ersten Verliebtheit sicherlich durch. Und da eine Liebesgeschichte auf diesem Planeten auch meist mit der sexuellen Verbindung einhergeht, war es eine gute Möglichkeit, diesen göttlichen Kern, die göttliche Energie zu spüren. Wahre göttliche geschlechtliche Verbindungen wollen die göttliche sexuelle, die schöpferische Kraft ins Fließen bringen. Das ist es, was Jesus durch Maria Magdalena, die seine Verbindung zum Vater durch ihre weibliche sexuelle Energie zum Fließen brachte, erfuhr. Sexuelle Vereinigungen sind ein kleiner Vorgeschmack der wahren göttlichen Ekstase, wenn man ganz mit der göttlichen Energie verbunden ist. Dies kann in einer Zweierbeziehung aufgebaut und erfahren werden, hat allerdings nur ein wenig mit dem zu tun, was die Menschen heute als Sexualität erfahren.

Wenn ein Mensch einem anderen sagt: „Ich liebe dich", weiß er oft gar nicht so recht, was er damit ausdrückt. Es ist oft der Ausdruck einer Begierde, eines Besitzenwollens und meint nicht die Aussage: „Ich liebe den GOTT in dir." Wenn jemand die bekannten Worte ausspricht, die oft mit einer Eheschließung oder in der heutigen Zeit einem längeren Beisammensein verbunden sind, dann weiß er von dem göttlichen Kern nicht viel, sondern verbindet mit dem Beisammensein eine Ergänzung seiner selbst und schöne Stunden. Das sind gemeinsame Interessen, Unterstützung des anderen auf seinem eigenen Weg, Hilfe in der Not, aber auch das Wahrnehmen des eigenen Ichs, das Erfüllen der eigenen Begierden. Wenn das nicht funktioniert, und wahrscheinlich wird diese unerfüllbare Vorstellung nicht aufgehen, dann ist die Enttäuschung groß und man geht auseinander oder lebt nebeneinander her. „Wir haben nicht zusammengepasst", heißt es dann oft, was eigentlich bedeutet: „Er/sie hat nicht das getan, was ich mir vorgestellt habe. Meine Wünsche wurden nicht erfüllt, wir hatten unterschiedliche Vorstellungen vom Leben."

Eine wahre göttliche Verbindung zwischen zwei Menschen ist eine liebevolle, achtsame und lichtvolle Art, den Weg hier auf der Erde gemeinsam zu gehen, immer in dem Bewusstsein, dass es der unabdingbare erste Schritt eines jeden Menschen sein muss, *sich erst einmal selbst zu lieben*. Nur wer sich selbst achtet und ehrt, kann auch den anderen achten und ehren. Nur aus dieser ganzheitlichen Art zu leben kann etwas Neues entstehen, eine fruchtbare Verbindung, die nicht fordert, sondern sich gegenseitig nährt und in einem Geben und Nehmen liegt, das harmonisch erfolgt, ohne Fordern und Aufrechung. Worte sind in einer engen Verbundenheit auf dieser Ebene auch nicht unbedingt notwendig. Vielleicht kennst du auch so ein Paar, das eingeschworen zu sein scheint, es funktioniert alles ohne viele Worte, sie schauen sich lediglich ab und zu liebevoll lächelnd an.

Der Weg zu einer göttlichen Partnerschaft führt über das Anerkennen der göttlichen Instanz in einem jeden. Das bringt dann mit sich, dass man den anderen mit liebevollen Augen sieht, so wie man sich selbst mit liebevollen Augen wahrnimmt, und alles, was nicht so gut läuft oder wo man eigene Fehler vermutet, mit Nonchalance hinnimmt und weiß: „Alles kommt von GOTT, alles ist GOTT, auch das, was äußerlich nicht göttlich erscheint." Mit dieser Einstellung kann man dann wirklich tief aus dem Gefühl heraus sagen: „Ich liebe dich", was wahrlich bedeutet: „Ich liebe den GOTT in dir." Wer dies wirklich fühlt, der wird dies nicht auf den Partner an seiner Seite beschränken, sondern wird sein Herz für alle Menschen öffnen, egal, ob sie nett oder grimmig, hellhäutig oder dunkel sind, ob sie rechtschaffen erscheinen oder straffällig werden, ob sie krank oder quicklebendig sind. Es spielt keine Rolle, wie der Mensch im Äußerlichen erscheinen mag, sein Kern leuchtet für einen wissenden Menschen immer durch. Ich, Saint Germain, wünsche mir, dass immer mehr Menschen ihre Sichtweise auf das Göttliche lenken und ihr Bewusstsein damit erweitern bis hin in die nächste Galaxie und weiter. So weit kann die Liebe reichen, sie unterliegt keinerlei Beschränkung.

Und jetzt entlasse ich dich wieder in deinen Alltag. Der Irrglaube vieler, die jetzt erwachen, ist, dass man dieses Wissen, diese Erkenntnisse nicht in das tägliche Leben integrieren kann. Doch das ist es ja, worum es geht. Du kannst all dieses Wissen, deine göttliche Wahrheit in das tägliche Sein einfließen lassen. Du musst lediglich dein Herz weit öffnen. Bitte deinen göttlichen Kern, er möge dich führen, oder reiche einem der Aufgestiegenen Meister oder einem anderen Lichtwesen deine Hand und bitte um Unterstützung. Dann wird dein Weg gelenkt sein und so geführt, dass immer das Passende in dein Leben tritt und du selbst stets zur richtigen Zeit am richtigen Ort bist. Es gibt für dich kein Leben mehr, das du in das normale und das spirituelle trennst. Du kannst es nun vereinen. Es wird mal so und mal so sein, aber die göttliche Instanz ist immer mehr darin verwoben und wird dein Leben grundlegend verändern. Das ist es doch, was dir am Herzen liegt, oder soll alles so bleiben, wie es ist, wünschst du keine Veränderung? Ich glaube, du hast schon intensivst göttliche Luft geschnuppert und bist neugierig, wie dein Leben voller Kraft, Liebe und Wunder wohl sein könnte. Lass dich führen und lass mich dir versichern: Ich Bin gern an deiner

Seite, lade mich doch einfach ein. Gemeinsam können wir die berühmten Berge versetzen!

**ICH BIN
SAINT GERMAIN**

# Über die Autorin

Barbara Bessen ist Journalistin und beschäftigt sich seit langem überwiegend mit ganzheitlichen Themen. Seit langem ist sie eng mit der geistigen Wesenheit KRYON verbunden und seit 2002 gibt sie seine Botschaften und die göttliche Energie in Form von Büchern und Seminaren weiter. Barbara lebt in Norddeutschland, ist Mutter eines Sohnes und hat zwei reizende Enkeltöchter.

Barbara bietet im europäischen Raum Seminare und seit kurzem auch längere Reisen an. Auf einer Reise für einige Tage gemeinsam in hoher Energie zu sein, stärkt den Kontakt in die eigene Mitte, in den göttlichen Kern. Aus der Intuition heraus zu leben, das ist die Kernbotschaft, die Barbara Bessen gern weitergeben möchte. Wer gut in sich selbst verankert ist, kann das irdische Leben leichter gestalten. Barbara ist seit vielen Jahren auch mit Saint Germain eng verbunden. Sie sagt, er sei schon seit langer Zeit einer ihrer geistigen Lehrer. Nähere Informationen über ihre Bücher und die Seminar- und Reisetermine erfahren Sie unter www.kryon-deutschland.com.

*Bitte umblättern...*

# Saint Germains Werke
## im ch. falk-verlag

### Das Tor zum Goldenen Zeitalter
ISBN 978-3-89568-135-6

### Die Schlüssel fürs Tor zum Goldenen Zeitalter
ISBN 978-3-89568-177-6

### Das Tor zur körperlichen Transformation
ISBN 978-3-89568-137-0

### Das Tor zur partnerschaftlichen Liebe
ISBN 978-3-89568-145-5

### Die neuen Wege der Liebe. CD
ISBN 978-3-89568-163-9

### Das Tor der Gnade. CD
ISBN 978-3-89568-169-1

### Lichter des Aufstiegs
ISBN 978-3-89568-208-7

### Aufbruch in das neue Jahrtausend
ISBN 978-3-89568-073-1